Christof Bieberger
Alexandra Gruber
Gabriele Hasmann

Spuk in Wien

Von verborgenen Geistern und Spuren ins Jenseits

UEBERREUTER

www.wienspuk.net

ISBN 3-8000-7017-0

Covergestaltung: Markus Reif
Coverfoto: Alexandra Gruber

Druck: Ueberreuter Print
3 5 7 6 4

Ueberreuter im Internet: www.ueberreuter.at

INHALT

Vorwort

In Paris will man, dort wo einst die Guillotine stand, zu gewissen Zeiten immer noch Marie Antoinettes Seufzer vernehmen, König Ottokar Přemysl soll nach wie vor nächtens durch die Prager Gassen reiten und angeblich irren die Frauen Heinrichs VIII. bereits seit Jahrhunderten kopflos durch den Tower von London. Mag man nun an Gespenster glauben oder nicht, Geschichten wie diese gehören nicht nur in Europa zur kulturellen Identität der Metropolen. Sowohl Touristen als auch interessierte Einheimische können sich Führungen auf den Spuren der lokalen Unheimlichkeiten anschließen und aus einer Reihe einschlägiger Literatur wählen.
Wer aber spukt in Wien?
Als wir uns vor etwas mehr als zwei Jahren dafür zu interessieren begannen, stießen wir nur auf eine Lücke: Führungen zu diesem Thema gab es keine und Bücher fehlten ebenfalls. Auch der Besuch zahlloser Antiquariate brachte nichts zu Tage. Wir ernteten Bedauern und Kopfschütteln: »Jetzt, wo Sie danach fragen – eigentlich komisch, aber da haben wir leider nichts ...«
Oft verwies man uns auf die allgemein bekannten Sagen. Diese haben aber Kirche, Aufklärer und Pädagogen im Laufe der Jahrhunderte derart gründlich »überarbeitet«, dass sie nun zumeist rationale Erklärungen enthalten oder aber ins finsterste Hochmittelalter entrückt sind, unsere Zeit somit nicht mehr erreichen. Die Wiener Sagen sind kein Ersatz, sucht man nach der unheimlichen Seite der österreichischen Weltstadt.
Dabei wird doch gerade den Wienern immer eine besondere Nahbeziehung zum Tod unterstellt. Haben sich in den Gebäuden dieser so geschichtsträchtigen Stadt nicht ebenso viele tragische und blutige Ereignisse zugetragen wie anderswo? Warum soll es also gerade in Wien nicht spuken?
Am Beginn unserer Suche konnte oder wollte uns kaum jemand weiterhelfen und das Material in den Bibliotheken erwies sich

als dürftig. Schon dachten wir ans Aufgeben, als wir schließlich doch – oft durch reinen Zufall – auf die richtigen Spuren stießen.

Natürlich spukt es auch in Wien. Manche der Geschichten könnten auch in anderen Städten passiert sein, andere aber sind typisch für die Donaumetropole und ihre Bewohner, mit all ihren Widersprüchen, ihrer Vielseitigkeit, ihrer Geschichte und ihren G'schichterln.

Immer schon wurde Einschlägiges gesammelt und aufgeschrieben, dann allerdings vergessen, verloren, verdrängt. Wie so vieles in dieser Stadt. Und historischer oder zeitgenössischer Spuk ist vielleicht etwas, worauf man hierzulande nicht so stolz ist wie etwa auf den Britischen Inseln.

Dabei haben unzählige Wiener Erfahrungen mit dem Übernatürlichen gemacht – für manche eine Belastung. Einige haben uns davon erzählt.

So wurde Kaiserin Elisabeth vor wenigen Jahren wiederholt in Schönbrunn gesehen. Zu Lebzeiten hat sie das Schloss immer als »goldenen Käfig« empfunden. Ist ihr die endgültige Flucht auch nach ihrem Tod nicht gelungen?

Jämmerliche Seufzer aus dem Nichts versetzten eine Studentin in Panik. Sie fand heraus, dass ihr Wohnhaus auf den Trümmern des Palais von Johann Strauß steht. Und der Geist der verzweifelten Witwe des Walzerkönigs schien keine Ruhe zu finden.

Ebenso ergeht es wohl Friedrich Hebbel. Vor 140 Jahren ist er gestorben, doch die Schritte des Dichters hallen noch immer durch seine ehemaligen Räume in der Liechtensteinstraße.

Sind es die Seelen der ehemaligen jüdischen Hausbewohner, die seit 30 Jahren eine Familie in der Leopoldstadt heimsuchen?

Am Friedhof der Namenlosen fanden zwei Liebende offenbar erst nach ihrem Tod zueinander und ein junges Paar suchte Kontakt mit Geistern – ein solcher wurde für die beiden zum Heiratsvermittler.

In Mariahilf trifft sich regelmäßig eine Gruppe Gleichgesinnter, um via Tonband mit verstorbenen Angehörigen zu sprechen, während ein Hausbesorger in der Singerstraße mit Hilfe einer Videokamera die Toten zu sich ins Wohnzimmer holt.

Medien erzählen, wie sie mit ihren Fähigkeiten zurechtkommen und wie sie Orte von Spuk befreien können. In zwei Wiener Beisln nerven Gespenster die Wirte und ein heimischer Parapsychologe versucht das Phänomen Spuk vom rein wissenschaftlichen Standpunkt aus zu erklären.
Oft waren jene, die uns an ihren übernatürlichen Erlebnisssen teilhaben ließen, früher selbst Skeptiker. Heute steht für viele von ihnen fest, dass es eben Dinge zwischen Himmel und Erde gibt, die wissenschaftlich (noch) nicht erklärbar sind.
Beweise für die Existenz von Gespenstern können wir nicht liefern. Aber wir haben nach bestem Wissen und Gewissen recherchiert und nur jene Zeugen zu Wort kommen lassen, die uns glaubwürdig erschienen.
Persönlich sind wir keinem Gespenst begegnet. Manchmal aber haben wir eine leise Ahnung verspürt, dass da wohl mehr um uns ist, als wir für gewöhnlich meinen.
Einige unserer Leser werden sich in ihren Ansichten bestätigt sehen, den anderen wünschen wir einfach nur unterhaltsame, gruselige Stunden.

Wien, im Jänner 2004 — Die Autor(inn)en

DER FRIEDHOF DER NAMENLOSEN

Alle, die sich hier gesellen,
Trieb Verzweiflung in der Wellen
Kalten Schoß.
Drum die Kreuze, die da ragen,
Wie das Kreuz, das sie getragen,
»Namenlos«.

(Graf Wickenburg, Gedicht am Ausgang des Friedhofs)

Wir treffen Herrn Josef Fuchs in einem kleinen rustikalen Wirtshaus, das einfache Hausmannskost bietet. Hier in Albern, dem ehemaligen Fischerdorf am rechten Donauufer, heute Teil des 11. Wiener Gemeindebezirks Simmering, herrscht beinahe dörfliche Atmosphäre. Die Umgebung dominieren der Ölhafen, ein Zementwerk, Speditionshallen und Getreidespeicher. Herr Fuchs lebt hier im Südosten Wiens und obwohl bereits pensioniert, arbeitet er noch. Freiwillig pflegt er einen kleinen Gräberhain, nicht weit von hier, den Friedhof der Namenlosen. Diese Aufgabe hat er von seinem Vater übernommen, hat sie sozusagen geerbt. Herr Fuchs ist ein freundlicher älterer Herr mit wachen Augen und, wie es scheint, mit unermüdlichem Elan. Es liegt ihm viel an der Erhaltung und Pflege der Begräbnisstätte.
Am Friedhof der Namenlosen findet man weder Ehrengräber noch Namen großer Persönlichkeiten auf den Grabsteinen, wie es in Wien mit seiner ausgeprägten Friedhofskultur üblich ist. Nur schlichte, kleine Metallkreuze zieren die letzte Ruhestätte von zumeist Unbekannten, die einst den Tod in den Fluten der Donau fanden. Regelmäßig trieb ein Wasserwirbel am Stromkilometer 1918 die Leichen Ertrunkener an Land. Menschen, oft bis zur Unkenntlichkeit entstellt. Bereits 1840 wurde

hier ein Friedhof angelegt, um die Toten aufzunehmen. Im Meterabstand wurden sie ohne Zeremoniell begraben. Dieses alte Gräberfeld, heute von Bäumen überwachsen, wurde immer wieder überschwemmt. Deshalb legte man im Jahr 1900 den heutigen Friedhof an.

Die Seelen am Friedhof der Namenlosen nahmen meist ihr letztes Geheimnis mit in den Tod. Über kaum einen hier Begrabenen weiß man, ob er das Opfer eines Unfalls wurde oder ob er freiwillig ins Wasser ging. Zumeist herrscht nicht einmal Klarheit darüber, wer hier begraben liegt. Es sind keine Angehörigen da, die sich liebevoll um die Gräber kümmern, keine Freunde, die an Feiertagen Lichter anzünden. Es gibt eben Herrn Fuchs und manchmal Besucher, auch Touristen, die von Zeit zu Zeit Blumen auf die kleinen Erdhügel legen oder gar ein Gedicht für die so tragisch Umgekommenen verfassen.

Der winzige Friedhof hat es zu einer bescheidenen Berühmtheit gebracht. In einem amerikanischen Film, der Mitte der neunziger Jahre in Wien gedreht wurde, war er einer der Schauplätze. *Before Sunrise* hieß die Liebesgeschichte um einen Amerikaner und eine Französin, die zusammen eine Nacht durch die österreichische Hauptstadt streifen, bevor sie am nächsten Tag wieder aufbrechen, in verschiedene Richtungen. Freilich nicht ohne das Versprechen, sich in einem Jahr wieder in Wien zu treffen. Vielleicht hat sich das Filmpärchen, Jesse und Selene, ja gerade an diesem wildromantischen Ort verliebt. Denn während sie durch die Reihen der Gräber spazieren, erzählt sie ihm:

Ich war schon mal als Teenager hier. Ich glaube, mich hat dieser Friedhof mehr beeindruckt als jedes Museum, in dem wir waren … Als kleines Mädchen glaubte ich, wenn niemand von deiner Familie und deinen Freunden weiß, dass du tot bist, dann bist du gar nicht richtig tot.

Können die armen Seelen in Frieden ruhen oder irren sie immer noch in irgendeiner Zwischenwelt umher, weil niemand sie im Diesseits vermisst?

Obwohl hier seit 1940 niemand mehr beerdigt wurde, weiß Herr Fuchs noch vieles zu erzählen. Von den Selbstmördern, den Ertrunkenen, wo sie gefunden wurden und welche Gerüchte man sich von ihnen erzählte. Da gab es zum Beispiel die junge Dienstmagd, die verlassen wurde, als sie schwanger war. Sie nahm sich im Fluss das Leben, ging ins Wasser, wie es so profan heißt. Tragisch auch die Inschrift eines anderen Grabes: »Wilhelm Töhn; Ertrunken durch fremde Hand am 1. Juni 1904 im 11. Lebensjahr.« An manche Begebenheiten kann sich Herr Fuchs noch selbst erinnern, doch bei den meisten ist er auf die Erzählungen seines Vaters angewiesen.

Herr Josef Fuchs sen., von Beruf Gärtner, der letzte Totengräber von Albern, kümmerte sich bereits von 1930 an um den Friedhof der Namenlosen. Zunächst als Gemeindebediensteter, ab 1947 übte er diese Tätigkeit freiwillig weiterhin aus. Als Herr Fuchs sen. 1996 im Alter von 90 Jahren starb, übernahm sein Sohn Josef Fuchs jun. diese Aufgabe. Und der Vater hinterließ ihm auch eine ganz bestimmte Geschichte, die sich rund um den Friedhof der Namenlosen und die Donau zugetragen hat.

Romantisch und mysteriös ist sie, aber natürlich auch tragisch. Herr Fuchs sen. hat dafür gesorgt, dass sie nicht in Vergessenheit gerät. Sein Sohn ist wohl der Letzte, der die Geschichte noch so erzählen kann, wie sie sich Anfang der dreißiger Jahre des letzten Jahrhunderts zugetragen hat.

Sie handelt von Arnold Moser, dem Sohn wohlhabender Eltern, und seiner Braut Verena, genannt Vreni. Sie war jung und bildhübsch, hatte dicke blonde Zöpfe. Die beiden waren bis über beide Ohren verliebt und wollten heiraten. Heimlich hatten sie sich bereits verlobt. Arnolds Eltern wussten zunächst nichts von dieser Verbindung. Vreni war die Tochter einer armen Witwe und Arnolds Vater war der Meinung, dass für seinen Sohn nur eine Frau aus ebenfalls wohlhabenden Kreisen infrage komme. Eines Tages kam er dem jungen Paar auf die Schliche, tobte im Zorn und setzte Arnold unter Druck. Eine Zeit lang widerstand der Sohn dem Vater, doch schließlich gewann der Despot die Oberhand.

Arnold Moser rang sich dazu durch, die Beziehung mit Vreni zu beenden. Ihm brach selbst fast das Herz, als das Mädchen weinte und bettelte, doch Arnold blieb hart. Sie trennten sich also – für immer, wie es zunächst schien.

Vreni ging, aber sie behielt bei dem schmerzvollen Abschied ihren Verlobungsring am Finger. Nach kurzer Zeit bemerkte sie, dass sie schwanger war. Das Mädchen wusste nicht mehr weiter, war aber zu stolz, um Arnold und seiner Familie etwas von seiner Schwangerschaft zu erzählen.

Vreni konnte die Last nicht alleine tragen. Ein uneheliches Kind in dieser konservativen Zeit, das war zu viel für sie. Kein Geld, das Gerede der Leute. Sie entschied, für immer zu gehen, ihren Qualen ein Ende zu bereiten. An einem Novembermorgen des Jahres 1931 stand sie verzweifelt am Donauufer und starrte zitternd in das Wasser unter ihr. Doch sie hatte ihren Entschluss gefasst. Vreni stürzte sich in die eiskalten Fluten. In einem Abschiedsbrief an ihren Bräutigam hatte sie kurz vor ihrem Selbstmord noch geschrieben: »Verzeih mir, dass ich deinen Ring mitnehme, ich werde ihn dir zurückgeben, wenn die Zeit gekommen ist.« Und ihre Versprechen hatte sie immer gehalten.

Für Arnold Moser brach eine Welt zusammen, als er von Vrenis Tod hörte. Er liebte sie noch immer und tief in seinem Herzen wusste er, er würde sie immer lieben. Lange Zeit sprach er kein einziges Wort mehr und eines Tages entschloss auch er sich zu gehen.

Viele dachten nach seinem plötzlichen Verschwinden, dass er ebenfalls den Freitod gewählt hätte. Doch Moser war Vreni nicht gefolgt, er versuchte vielmehr vor ihr zu fliehen. Hier, wo ihn alles an seine große Liebe erinnerte, hielt ihn nichts mehr. Er wanderte nach Amerika aus, um seinen Kummer zu vergessen. Doch auch dort schaffte er es nicht, seine Vergangenheit zu verdrängen.

Jahre später kehrte er wieder in seine Heimat zurück. Er hatte sich in den Staaten einen gewissen Wohlstand erarbeitet. Nicht weit vom Friedhof der Namenlosen entfernt kaufte er ein Haus. Dort war nämlich seine Braut begraben. Zumindest in seinen letzten Lebensjahren wollte er Vreni so nahe wie möglich sein. Längst hatte er es aufgegeben, das Mädchen jemals aus seinem Kopf zu bekommen. Moser war älter geworden, doch Vreni lebte in seiner Vorstellung noch immer weiter als das junge, hübsche Mädchen, mit dem er sich damals verlobt hatte.

Von Erinnerungen und Selbstvorwürfen geplagt, stellte er bald Nachforschungen über die genaueren Umstände ihres Todes an. So brachte er in Erfahrung, dass einige Zeit nach ihrem Verschwinden am Winterhafen in Wien eine weibliche Leiche aus dem Wasser gezogen worden war. Sie konnte nicht mehr identifiziert werden, aber am Finger trug sie einen Goldring mit der Gravur »A. f. V.« – Arnold für Vreni.

Moser beschloss in Wien zu bleiben. In Amerika hatte er den Beruf des Drehers gelernt und verdiente auch hier gutes Geld damit. Geheiratet hat er aber nie. Mehrmals pro Woche besuchte er das Grab seiner Liebsten. Bei schlechtem Wetter kehrte er oft in dem nahe gelegenen Gasthaus ein. Er sprach fast nie, nur manchmal erzählte er den anderen Gästen seine Geschichte. Immer schloss er mit den Worten: »Sie wird mir den Ring zurückgeben. Sie hat es versprochen und ich warte darauf.«

Die Jahre vergingen, Mosers Haar wurde weiß und sein Rücken gebeugt. Oft sah man ihn, stumm zwischen den Gräbern stehend. Eines Tages, im Jahr 1986, besuchte er wieder einmal den Friedhof. Grelle Blitze zuckten über den Himmel und heftige Sturmböen peitschten den schweren Regen vor sich her. Der alte Mann erreichte sein Haus nicht mehr und suchte Unterschlupf in der Hütte eines Fischers, den er kannte, am Donauufer gelegen, nicht weit vom Friedhof entfernt. Dort wollte er das Unwetter abwarten. Doch das Gewitter wurde immer heftiger. Also entschloss er sich, beim Fischer zu bleiben. In dieser Nacht jedoch sollten beide nicht viel Schlaf finden.

Um Mitternacht ließ ein eigenartiges Geräusch den Fischer hochschrecken. Der Mann glaubte seinen Augen nicht zu trauen: Ein glänzender Lichtschein erhellte die gesamte Hütte. Arnold Moser saß aufgerichtet in seinem Bett und starrte auf eine junge, hübsche Frauengestalt mit blonden Zöpfen. Der Fischer sah, wie die Frau einen Ring von ihrem Finger zog und ihn dem alten Mann über den kleinen Finger seiner zitternden linken Hand streifte. Dann winkte sie Moser zu, ihr zu folgen. Dieser stand auf und schritt hinter der Gestalt zur Tür hinaus.

Der Fischer war wie gelähmt. Sein Herz klopfte wie wild, sein Puls raste. Erst nach einiger Zeit war er in der Lage, sich von

seinem Bett zu erheben. Der Mann ging zum Fenster und blickte hinaus. Das Gewitter hatte sich verzogen, die Bewölkung sich gelichtet. In einiger Entfernung bemerkte er das Paar, das vor wenigen Minuten seine Hütte verlassen hatte. Arm in Arm wanderte es im kalten Licht des Mondes am Ufer entlang. Eine wunderbare Aura umgab den Mann und die Frau. Sie gingen auf die Donau zu, die gerade Hochwasser führte, und verschwanden schließlich in den Fluten.
Der Fischer war der Letzte, der Arnold Moser lebend sah. Wochen später kam aus Ungarn die Meldung, dass die Donau einen männlichen Leichnam angeschwemmt hatte. An dem kleinen Finger seiner linken Hand trug er einen schmalen Goldring mit der Gravur »A. f. V.«. Vreni hatte ihr Versprechen gehalten.
Der Fischer war der einzige Augenzeuge von Arnold Mosers mysteriösem Verschwinden. Er erzählte diese Geschichte häufig in dem Gasthaus neben dem Friedhof der Namenlosen, in dem Moser stets eingekehrt war. Auch Josef Fuchs sen. war mit dem Fischer bekannt. Der Friedhofsbetreuer schrieb die Geschichte auf und gab sie an seinen Sohn weiter, der uns wiederum die Erinnerungen seines Vaters zur Verfügung stellte. Denn auch ihm ist es ein Anliegen, dass das Schicksal des unglücklichen Paares nicht in Vergessenheit gerät.

Kalter Wind streicht über die Donau, ein Vorbote des nahenden Herbstes. Uns fröstelt. Herr Fuchs bietet an, uns seinen »Arbeitsplatz« zu zeigen, und wir folgen ihm bereitwillig. Der Weg führt vorbei an jener Gaststätte, in der wir uns ursprünglich mit ihm treffen wollten. Es ist das Wirtshaus, in dem Arnold Moser immer wieder seine Geschichte erzählte. Doch leider ist es nach dem letzten Hochwasser im August 2002 noch immer geschlossen.
Hier also pflegt Herr Fuchs die Gräber der unbekannten Seelen. Manchmal, so erzählt er, kämen Menschen vorbei, die hier einen schon lange verschwundenen Angehörigen vermuten. Erfolgreich sei bei der Suche noch keiner gewesen. Denn niemand wisse so genau, wer hier wirklich begraben liegt. Auch den einen oder anderen Touristen verschlage es von Zeit zu Zeit hierher. Doch heute sind wir die einzigen Besucher.

Der Friedhof der Namenlosen ist weltweit die einzige Begräbnisstätte, die ausschließlich den Opfern eines Flusses vorbehalten ist. Der Vorgängerfriedhof wurde mit zuletzt 478 Gräbern wegen der Verlegung der Donaudämme aufgelassen. In der heutigen Anlage, nun hinter dem Schutzdamm, liegen 104 Menschen begraben, 61 von ihnen unbekannt. 1939 wurde der Alberner Hafen ausgebaut. Die Strömung der Donau bekam eine andere Richtung, dadurch wird im Uferbereich von Albern niemand mehr angeschwemmt. Die Gräber sind niedrige Erdhügel, ohne Einfriedung und Grabstein. Einfache schmiedeeiserne Kreuze, oft von Efeu überwachsen, bilden den einzigen Schmuck. Aber der grüne Gräberhain wird noch immer liebevoll gepflegt. Die letzte Ruhestätte der unbekannten Seelen ist ohne Frage in den besten Händen.
Und dann ist da noch die kleine Kapelle am Friedhof, ein klobig wirkender Rundbau. Darin befindet sich ein runder Holztisch, auf dem eine Vase mit Blumen und eine filigrane Marienfigur aus Gips stehen. Während des Dauerregens im August 2002 stieg das Grundwasser, überschwemmte die Kapelle und die Gräber. Die Fotos, die uns Herr Fuchs zeigt, zeugen vom Ausmaß der Verwüstung. Nur die Marienstatue und die Vase, beides von geringem Gewicht, trieben tagelang unbehelligt von der Naturkatastrophe stehend auf dem Tischchen dahin. Herr Fuchs zeigt uns das Bild, mit dem er dokumentiert, wie er den Tisch vorfand: auf dem Wasser schwimmend und verkeilt in eine Holzbank, Vase und Statue nach wie vor aufrecht.
Unaufgeregt erzählt er davon. Mysteriöse Geschichten können Herrn Fuchs schon lange nicht mehr aus der Ruhe bringen.

DER HEIRATSVERMITTLER

Wenn Lieb' in jenen Welten blüht,
Die über Sternen ewig währen,
Wenn dort das teure Herz noch glüht,
Dieselben Augen, ohne Zähren –
Wie schön die unbetretnen Sphären!
Wie süß zu sterben vor der Zeit,
Daß Angst und Trauer sich verzehren
In deinen Strahlen, Ewigkeit!

(»Wenn Lieb' in jenen Welten blüht«, Lord Byron)

Obwohl nur wenige Schritte vom Naschmarkt entfernt, ist die Rüdigergasse im 5. Wiener Bezirk eine ruhige Wohngegend. Zwischen stark befahrenen Durchzugsstraßen gelegen, stellt sie für Eilige offenbar keine Abkürzung dar, der Verkehr scheint sie auszusparen. Vor Wohnhäusern aus der Gründerzeit parken die Autos der Anrainer, einige Geschäfte sichern die Nahversorgung und aus einem kleinen Park, offensichtlich vorwiegend als Spielplatz genutzt, dringt lautes Kinderlachen. Eine Oase fast und doch zentral gelegen, ideal für junge Familien.

Ideal auch für Ines und Peter.* Die beiden haben 1999 geheiratet, ihr Sohn Florian feiert bald seinen zweiten Geburtstag und gemeinsam mit drei Katzen bewohnen sie hier eine gemütliche Genossenschaftswohnung. Peter arbeitet als Ingenieur für einen internationalen Konzern, Ines freut sich nach zweijähriger Karenz wieder auf ihren Job in einer Notariatskanzlei, da ihr nun zuhause, wie sie sich ausdrückt, »bereits die Decke auf den Kopf« falle.

Die Lebensumstände der jungen Familie unterscheiden sich

* Namen von den Autoren geändert.

kaum von jenen Tausender anderer in Wien. Reich ist man zwar nicht, materiell aber durchaus abgesichert und bereit, die Zukunft gemeinsam zu meistern. Nichts Außergewöhnliches also, geradezu klassisch »normal«.
Außergewöhnlich in ihrem Leben ist eigentlich nur Franz, ein gelegentlicher Besucher. Dieser ist, wie beide meinen, nicht ganz unschuldig daran, dass sie heute verheiratet sind. Und das Außergewöhnlichste an ihm ist wohl – Franz ist schon seit beinahe 100 Jahren tot.
»Wie alles begonnen hat, wollt ihr wissen?« Ines sitzt uns gegenüber in ihrem gemütlich eingerichteten Wohnzimmer. An den Wänden hängen Mitbringsel aus aller Welt, darunter ein farbenfroher Teppich aus Peru, damals Ziel ihrer Hochzeitsreise. Sie zündet sich eine Zigarette an und nippt an ihrem Rotwein. »Begonnen hat alles ein Jahr, bevor wir geheiratet haben. In Oberösterreich, im Wochenendhaus deiner Eltern.« Kurz blickt sie zu Peter, der neben ihr sitzt, sie durch sein Nicken ermunternd, und fährt dann fort mit ihrer Geschichte …

Eigentlich sollten schon die ersten Knospen blühen, aber der April 1998 ist ungewöhnlich kalt. Ines und Peter haben gerade eine Krise in ihrer Beziehung bewältigt und wollen nun ein paar ruhige Tage im Mühlviertel verbringen. Das völlig allein stehende ehemalige Bauernhaus ist noch nicht saniert. Mühsam muss Schnee von draußen geholt und geschmolzen werden; Fließwasser gibt es keines. Im Kamin flackert das Feuer, rund ums Haus ist nichts als Wald zu sehen.
Was als Idylle erscheint, wird ihnen aber bald zu ruhig. Kein Fernseher, keine Freunde, die man anrufen kann und alle vorhandenen Gesellschaftsspiele sind schon zum x-ten Mal durchgespielt. Die beiden langweilen sich, bis ihnen schließlich doch noch eine passende Abendunterhaltung einfällt: Kommunikation mit der Geisterwelt. Die junge Frau schreibt Buchstaben und Zahlen auf einen Bogen Papier, klebt diesen anschließend auf ein Brett. Ihr Freund besorgt ein Schnapsglas, ihre Zeigefinger berühren sich leicht über dem Boden des Glases, schon bald darauf wandert dieses eilig von einem Buchstaben zum anderen …

Ines lacht, während sie in Erinnerungen schwelgt: »Das war super, total auf blödeln. Wir haben gefragt: ›Geist, bist du da?‹, waren eigentlich der Meinung, dass es sowieso nicht funktionieren wird, aber die Stimmung im Haus war so unheimlich und gab die perfekte Kulisse. Und dann meldet sich dieser Franz. Wir haben gefragt: ›Wer bist du?‹«

»Seine Antwort war etwas wie ›Scartobewsky‹, urkompliziert«, nimmt Peter den Faden auf, »und im Laufe der nächsten Stunden hat er uns seine Lebensgeschichte erzählt. Dass er gebürtiger Pole war, aber in Wien gelebt hat, auch hier gestorben ist, aber begraben liegt er wieder im heutigen Polen, in Warschau oder Krakau. Er hat uns auch sein Geburtsdatum verraten, ich erinnere mich nicht mehr wirklich, aber es muss so um 1886, 1887 gewesen sein. Sein Vater war Sesselmacher von Beruf und dürfte damit reich geworden sein. Franz selbst aber war Künstler, ein Maler.«

»Und in Wien hat er dann eine kennen gelernt«, ergänzt Ines, »seine große Liebe. Die stammte aber aus einer einfachen Familie. Es war die gleiche Konstellation wie bei uns. Seine Eltern haben die Verbindung überhaupt nicht akzeptiert und die beiden schließlich auseinander gebracht. Sie hat später einen anderen geheiratet, er aber ist nie darüber hinweggekommen und hat sich schließlich umgebracht. Da war er noch jung, kaum 30, so wie wir heute.«

Ines sieht viele Parallelen zu ihrer eigenen Situation: »Wir hatten mit denselben Problemen zu kämpfen. Nur haben es Peters Eltern nicht geschafft, uns auseinander zu bringen.« Peters Vater ist ein wohlhabender Arzt, Ines stammt aus einer einfachen Beamtenfamilie. »Seine Eltern lehnen mich bis heute ab, sie sind nicht einmal auf unserer Hochzeit erschienen.« Auch der bald zweijährige Enkel scheint nichts an der Aversion gegenüber der unerwünschten Schwiegertochter zu ändern. »Mittlerweile sind wir trotzdem verheiratet. Ich würde sagen, wir haben das vollendet, was Franz letztlich für sich nicht geschafft hat.«

Die junge Frau glaubt fest daran, dass Franz' Schicksal mit dem ihren verknüpft ist. Es könne doch kein Zufall sein, dass er ausgerechnet mit ihnen Kontakt aufnahm.

Beide dachten zuerst allerdings, dieser Geist stehe in Verbindung mit dem Wochenendhaus von Peters Eltern in Oberösterreich. Wenige Monate später bezog das Paar aber seine gemeinsame Wiener Wohnung und eines Abends waren beide wieder bereit, mit den Geistern zu kommunizieren. Prompt meldete sich Franz erneut über das Brett. Er hat die beiden nach Wien begleitet, sich als ihr »Schutzgeist« bezeichnet und – wie erstaunlich es auch klingen mag – alles versucht, sie vor den Traualtar zu bringen.

»Als wir ihn wieder einmal riefen«, schmunzelt Peter, »nannte er mir die Adresse eines Juweliers auf der Hietzinger Hauptstraße. Immer wieder kam: ›Heiratet, heiratet!‹ und meistens schlug er gleich ein passendes Datum für den großen Tag vor.«

Ines tippt sich an die Stirn: »Dann kam er wieder mal mit einer Adresse. Aus Jux sind wir hingefahren und standen mitten in der Shopping City Süd, ratet mal, vor welchem Geschäft? Richtig, ein Hochzeitsausstatter. Nur so zum Spaß hab ich dort einige Brautkleider anprobiert, damals aber haben wir noch keinen Gedanken daran verschwendet, irgendwann einmal zu heiraten. Das schien uns irgendwie absurd. Das Geschäft, so stand's in der Zeitung, ist einige Monate später in Konkurs gegangen. Heute ist dort bezeichnenderweise ein Sex-Shop drinnen.«

»Und außerdem«, grübelt Ines weiter, »gab er immer so Lebensweisheiten von sich, fast wie ein Glückskeks: ›Lasst euch nicht entmutigen, geht euren Weg‹ und lauter so Zeugs halt.«

Das Pärchen erwartete sich eigentlich mehr von der Kommunikation mit einem Toten, als ständiges Pochen auf Heirat und Sinnsprüche. »Wir wollten wissen, wie es im Jenseits aussieht, wo er ist und was man erlebt, wenn man stirbt«, seufzt Peter. »All das, was wahrscheinlich jeden interessieren würde, hätte er die Gelegenheit, darüber etwas zu erfahren. Aber bei solchen Fragen fuhr er immer auf ›Nein‹, meinte, das brauchen wir nicht zu wissen. Haben wir gar nach den Lottozahlen gebohrt, kam ruckartig ›Nein!‹ und dann nichts mehr. Als hätten wir ihn verärgert. Die Adresse eines Juweliers ist ja gut und schön, nur die kann ich mir auch selbst im Telefonbuch suchen.«

»Stinksauer reagierte er auch«, so Ines weiter, »als wir während eines Abends vorm Computer saßen und herumgeblödelt haben: Es wäre super, wenn der Geist uns im Haushalt helfen könnte. Besonders ambitioniert sind wir diesbezüglich beide nicht, damals hatten wir noch keinen Geschirrspüler und alles türmte sich in der Abwasch. Also meinten wir im Scherz, vielleicht könnten wir ihn dazu bringen, das Geschirr abzuwaschen? In diesem Moment schepperte es in der Küche, und als wir nachsahen, war der ganze, fein säuberlich aufgeschichtete Stapel von benützten Tellern und Tassen in sich zusammengefallen.«

Mit der Zeit ging ihnen Franz mit seinen weisen Ratschlägen und seinem ewigen Drängen auf Heirat derart auf die Nerven, dass sie über Wochen hinweg das Brett nicht anrührten. Daraufhin fand ihr »Schutzgeist« andere Wege der Kommunikation.

Eines Morgens entdeckte Ines eine seltsame Nachricht auf einem Post-it in ihrer Geldbörse. »Das war das allererste Mal. Eine krakelige Schrift, schwer zu entziffern, aber wieder so ein Sinnspruch. Mein erster Gedanke war: Peter hat sich nach einer feuchtfröhlichen Nacht mit Freunden einen Scherz erlaubt.«

Dieser war sich aber keiner Schuld bewusst: »Damals hat sie mich im Büro angerufen und gefragt, was der Blödsinn soll, ob ich ihr etwas in die Börse gesteckt hätte. Ich hatte wirklich Mühe, sie von meiner Unschuld zu überzeugen.«

Im Laufe der Zeit folgten weitere Post-its mit skurrilen Nachrichten an allen möglichen Plätzen der Wohnung, stets unterschrieben mit einem »F«. Peter zeigt einen alten Kalender. »Hier hab' ich sie eingeklebt, nach dem Datum sortiert. Gefunden wurden sie in allen Räumen, bisweilen auch an der Wohnungstür, an den Fenstern, ja sogar am Spülkasten im Klo. Dieses eine hier war der Höhepunkt: Genau so ein platter Sinnspruch wie immer, aber ich fand es in meiner Schublade in der Firma, zu der ausschließlich ich den Schlüssel habe.«

»Wie die Dinger dorthin gekommen sind, bleibt ein Rätsel.« Ines schüttelt sich: »Bei der Vorstellung, dass gelbe Zettel, wie von unsichtbarer Hand getragen, durch die Wohnung schweben, bekomme ich Gänsehaut. Die Klebezettel waren allerdings nicht aus dem Jenseits, sondern unsere eigenen, die wir gele-

gentlich verwenden. Anscheinend hat er Gefallen an dieser relativ neuen und praktischen Erfindung gefunden. Eines Tages haben wir uns die Frage gestellt, ob Franz nicht unserem Unterbewusstsein entsprungen sein könnte, da wir beide an und für sich mit beiden Beinen fest auf dem Boden stehen und zuerst mal immer nach natürlichen Erklärungen suchen. Wir haben Kuchen gegessen in der Küche, sind dann aber gemeinsam ins Kino gegangen. Als wir wieder zuhause waren, drehe ich das Licht in der Küche auf und finde ein riesiges ›F‹ auf dem Esstisch. Feinsäuberlich aus Kuchenbrösel geformt!«
Solche Scherze sind bei Ines weniger gut angekommen, ihr unsichtbarer Dauergast wurde ihr zunehmend unheimlich. »Gott sei Dank, war ich damals nicht alleine in der Wohnung, sonst wäre ich wohl total hysterisch geworden.«
Ines verweigerte auch, als der »jenseitige Kuppler« ihnen wieder über das Brett anbot, zu sprechen oder sich zu materialisieren. »Da hätte ich die Panik bekommen.«
Peter muss Franz nun doch verteidigen und meint: »Die ganze Zeit über, in der er bei uns aktiv war, hat er aber nie etwas wirklich Bösartiges getan, ja er schien sogar Sinn für Humor zu besitzen.« Bei einer Sitzung forderten ihn die beiden auf, diesmal fernzubleiben, da sie sich zur Abwechslung mal mit einem anderen Geist unterhalten wollten.
»Das Glas«, erzählt Ines, wieder lächelnd, »begann dann Italienisch zu ›schreiben‹. Wir fragten: ›Wie heißt du?‹, und als Antwort kam prompt: ›Luigi.‹ Aber nach einer kurzen Pause fuhr es weiter auf ›Hihi‹ und dann auf ›Ich bin's, Franz‹. Er ist der einzige Geist geblieben, der sich bei uns je gemeldet hat.«
»Beschäftigt hat uns das damals schon sehr«, erinnert sich Peter. »Wir haben auch versucht, mit anderen darüber zu reden. Unsere Freunde haben da aber sehr ambivalent reagiert. Ansatzweise habe ich mal versucht, es meiner Chefin zu erzählen. Die hat mich nur mit riesigen Augen angestarrt und ich dachte: ›Vorsicht, sofort auf die Bremse steigen! Nichts mehr sagen, sonst giltst du noch als Verrückter.‹«
Auch die anderen Mitglieder des Haushalts spürten die Anwesenheit von Franz. Da war zunächst der kleine Florian. Das

Kind deutete manchmal spontan in eine Ecke und sagte: »Franz da.« Seine Eltern wollen ihm aber nie etwas von dem freundlichen, aber oft nervenden Hausgeist erzählt haben. »Erschreckt hat er den Kleinen nie«, sinniert Ines, »genauso wenig wie unsere Katzen. Im Jenseits, hat er uns verraten, soll er nach wie vor mit einer Katze namens Morla zusammen sein, die er schon zu Lebzeiten gehabt hat. Die ist jetzt dort, wo er ist. Oft haben unsere eigenen irritiert in die Gegend geschaut, wenn wir das Brett hervorholten, und sind leicht nervös geworden. Wir sagten dann zu unseren Katzen: ›Seid jetzt brav, so wie die Morla!‹ Dann haben sie Ruhe gegeben.«

Unerwähnt soll auch nicht bleiben, dass Franz zu Lebzeiten eine Kunstform entwickelt haben will, die er als »Raser-Art« bezeichnete. Peter zeigte sich davon so fasziniert, dass er via Internet nach weiteren Informationen gesucht hat. »Meine Recherchen blieben allerdings erfolglos. Diese Art der Malerei dürfte sich wohl nie durchgesetzt haben. Genauso konnte ich nichts über Franz selbst oder seinen Vater finden. Ein Kollege von mir, ein gebürtiger Pole, hat mir mal erzählt, dass man ›Scartobewsky‹ auf vielerlei verschiedene Arten schreiben könne. Höchstwahrscheinlich waren es Polen aus Galizien, das hat damals zur Monarchie gehört und Wien war für alle die Hauptstadt. Aus unterschiedlichen Gründen haben damals die Leute die Schreibweise ihrer Namen geändert, nicht zuletzt aus geschäftlichen. Wenn sein Vater, der Sesselmacher, sich dadurch mehr Erfolg erhofft hat, kann es schon sein, dass er seinen Familiennamen eingedeutscht hat. Die Schreibweise ›Scartobevsky‹ wäre eher polnisch, meinte mein Kollege, in Wien hätte der Name eher ›Skartobewski‹ oder ähnlich lauten können.«

Während Peter erzählt, kramt er in einem Ordner und zieht schließlich eine Zeichnung hervor. Ein abstrakter, aber ästhetischer weiblicher Akt. Das Wort »Ja« ist in der Zeichnung integriert, auf der Rückseite steht in der bereits bekannten krakeligen Handschrift: »Ihr werdet sehen.«

»Franz gab der Zeichnung den Titel ›Die Erlöste‹«, meint Peter.

»Ich hab damals einen Stift genommen«, wirft Ines ein, »und ihn gebeten, meine Hand zu führen. Diese begann daraufhin tatsächlich zu zeichnen. Dazu muss ich sagen, dass mein künstlerisches Talent normalerweise bei Strichmännchen endet. Ich bin kein kreativer Mensch. Das hier mag vielleicht kein Van Gogh sein, aber selbst hätte ich das nie hingekriegt. Ich wollte das danach allerdings nie wieder machen. Das ging an meine persönliche Grenze mit diesen paranormalen Dingen. Es war ein komisches Gefühl, so, als ob man die Kontrolle über sich selbst verliert. Was er allerdings mit diesen kryptischen Andeutungen wieder gemeint hat, weiß ich nicht.«

Peter ergänzt: »Das war damals, kurz bevor ich Ines einen Heiratsantrag gemacht habe.«

Ines glaubt mittlerweile fest daran, dass Franz schon vor dem ersten Kontakt im Mühlviertel seine schützende Hand über sie und Peter gehalten hat. »Kennen gelernt haben wir uns beim Chatten im Internet. Später sind wir dann draufgekommen, dass wir uns bereits sehr oft im Leben hätten über den Weg laufen können. Wir waren teilweise in denselben Lokalen und der Peter hat die Untersuchungen für seine Diplomarbeit in einer Straße hinter dem Haus meiner Eltern gemacht. Aber wären wir uns früher begegnet, hätten wir wahrscheinlich nichts miteinander anfangen können. Wenn ich mir unseren unterschiedlichen Freundeskreis anschaue oder erst unsere Familien! Das hat man bei der Hochzeit gesehen – die harmonieren überhaupt nicht. Wir kommen aus zwei verschiedenen Welten, Hietzing und Floridsdorf. Im Nachhinein betrachtet ist das alles wirklich ein seltsames Muster. Allein das erste Jahr mit Peter erscheint mir heute wie eine einzige große Krise. Hinzu kamen dann die ganzen Schwierigkeiten mit seinen Eltern. Wir hatten uns definitiv schon getrennt, kamen dann aber doch wieder zusammen. Normalerweise ist bei mir eine Beziehung endgültig vorbei, wenn es einmal aus ist. Aber bei Peter war es irgendwie anders. Ich wusste genau, das kann's nicht gewesen sein. Auch wenn es jetzt blöd klingen mag – der Franz hat damals bereits mitgemischt.«

Ihr Mann nickt zustimmend und fordert sie auf, noch eine Geschichte zu erzählen, »die mit dem Obdachlosen, du weißt schon«.

Ines muss nicht lange überlegen: »Ein völlig irres Erlebnis – es war vor ein paar Jahren, noch einige Zeit vor unserer Hochzeit. Ich ging gerade vom Büro nach Hause, von der Straßenbahn Richtung U6. In der Station Gumpendorfer Straße kommt mir ein Sandler entgegen und drückt mir auf einmal ein Sackerl in die Hand mit den Worten: ›Ich hab was für Sie.‹ Der Typ erschien mir ziemlich verrückt, das Sackerl hab ich aber trotzdem genommen. In der U-Bahn warf ich dann einen Blick hinein – drinnen lag so ein Hochzeitsjournal. Aus einem Gefühl heraus hab ich's mir behalten, es verschwand allerdings unter Tonnen von Krimskrams im Abstellraum. Ein Jahr später, im Sommer 1998, fiel es mir beim Stöbern wieder in die Hände und ich blätterte das Magazin schließlich durch. Ich entdeckte ein Brautkleid, das war der absolute Traum. Meine Mutter meinte damals noch: ›Tolles Kleid, aber das kannst du dir nie leisten.‹ Im April darauf machte mir Peter dann einen Heiratsantrag. Ich sagte Ja und wir klapperten dann sämtliche Kaufhäuser nach einem passenden Kleid ab. Irgendwann landeten wir in einem großen Geschäft auf der Mariahilfer Straße und dort probierte ich ein wunderschönes Exemplar. Es stellte sich heraus, dass es eine Designerarbeit war, von einer Schülerin der Westwood, es ist zwar bestellt, aber dann aus welchen Gründen auch immer nicht gekauft worden. Und deshalb kostete es damals nur ein Drittel vom ursprünglichen Preis. Natürlich hab ich sofort zugeschlagen. Und dann, einige Tage später, habe ich mir nochmals dieses Brautmodenheft angeschaut. Ich habe eine Gänsehaut bekommen, als ich bemerkte, dass ich mir genau jenes Kleid gekauft hab, das mir damals so gut gefallen hat. Das Kleid aus diesem Magazin.«

Ob Franz auch in diesem Fall seine Hände im Spiel hatte? »Er schrieb uns einmal«, sinniert Peter, »dass wir nicht immer alles so ernst nehmen sollten. Egal, wer oder was einem im Leben begegnet. Vielleicht war das so ein leichter Hinweis.«

Anscheinend hat der gute Geist sein Ziel erreicht – Ines und Peter sind verheiratet. Beide verwehren sich aber einstimmig dagegen, dies wegen der »Nervensäge aus dem Jenseits« getan zu haben.

»Ganz im Gegenteil, zeitweise stellten sich deshalb durchaus mulmige Gefühle ein. Als mir Peter einen Antrag machte, dachte ich: ›Komisch, ein Geist sagt uns, dass wir heiraten sollen, und nun fragt mich mein Freund wirklich, ob ich seine Frau werden will.‹«

Auch andere Ratschläge von Franz haben die beiden ignoriert. Das Hochzeitsdatum hat nicht an einem von ihm vorgeschlagenen Tag stattgefunden. Und die Ringe, die hat Peter dann auch bei einem Juwelier seiner eigenen Wahl gekauft.

Trotzdem haben die beiden ihre Entscheidung nicht bereut. Zwar haben Peters Eltern nach wie vor Probleme mit der Wahl ihres Sohnes, sie beginnen sich aber langsam mit den vollendeten Tatsachen abzufinden. Bleibt noch die Frage: Was ist aus Franz geworden, nun da seine Aufgabe ja erfüllt scheint?

Peter erzählt, dass sie ihn noch manchmal rufen, »aber es kommt nicht mehr viel dabei raus. Letztes Frühjahr schrieb er irgendwas auf Latein, das wir nicht verstehen konnten. Zwar haben wir im *Stowasser* nachgeschlagen, das war aber vergeblich, es war ein eigenartiges Latein, nicht so wie man es in der Schule lernt. Wir konnten die Wörter nicht deuten. Seit wir verheiratet sind, hat er eigentlich immer wirrer geschrieben, zuletzt nur noch wenige Buchstaben, eigentlich sinnlos. Und dafür hat er auch noch sehr lange gebraucht. Franz ist wohl nicht erlöst, er ist auch nicht woanders, aber irgendwie nicht mehr so präsent. Eine Zeit lang haben wir gehofft, dass er seine Ruhe finden könnte, wenn er seine Aufgabe erfüllt sieht. Aber seinen Frieden sucht er wohl noch immer. Er hat sich von uns entfernt, zurückgezogen. Für immer verschwunden ist er aber – das haben wir im Gefühl – wohl noch nicht.«

Sagt es, wendet sich zu Ines – »Stimmt's?«

»Stimmt«, meint diese und lächelt ihm zu.

RENDEZVOUS MIT DER KAISERIN

An meinen Haaren möcht' ich sterben,
Des Lebens ganze, volle Kraft,
Des Blutes reinsten, besten Saft
Den Flechten möcht' ich dies vererben.
O ginge doch mein Dasein über,
In lockig seid'nes Wellengold,
Das immer reicher, tiefer rollt,
Bis ich entkräftet schlaf hinüber!

(Elisabeth, Kaiserin von Österreich)

Jahr für Jahr besuchen mehrere Millionen Menschen Schönbrunn. Die ehemalige Sommerresidenz der Habsburger, einst weit draußen vor den Stadtmauern errichtet, bildet heute eine grüne Insel mitten im Häusermeer von Hietzing, dem 13. Bezirk. Neben den Touristen lassen sich auch viele Wiener regelmäßig durch die Prunkräume führen und genießen die imperiale Atmosphäre. Einer von ihnen, nennen wir ihn Heinz Leitner, da er seinen richtigen Namen nicht veröffentlicht sehen möchte, verbindet mit Schönbrunn eine ganz besondere Geschichte. Kommt er heute hierher, dann hofft er etwas wieder zu finden, was er einst hier erlebt hat, damals, vor wenigen Jahren, als das Schloss noch sein Arbeitsplatz war. Dieses Erlebnis lässt ihm immer noch keine Ruhe, wirklich erklären kann er es sich bis heute nicht und kaum jemandem hat er bisher davon erzählt. Anhand Leitners Erinnerungen haben wir seine Geschichte rekonstruiert. Begleiten wir ihn daher zurück in den April 2001, als alles begann.

Es ist einer jener ersten Frühlingstage, an dem Spaziergänger

und Jogger in den Schlosspark strömen, um die Sonne nach langer Abwesenheit wieder zu genießen.
Wie so oft ist Heinz Leitner auch an diesem Morgen bereits eine halbe Stunde, ehe seine erste Führung beginnt, vor Ort. Er genießt es, alleine durch die Gemächer der einstigen österreichischen Herrscher zu schlendern, die schweren Luster an den Decken und sich selbst in den zahllosen Spiegeln an den Wänden betrachtend. Mehrmals die Woche erzählt er in dieser imperialen Umgebung seinen Besuchergruppen immer dieselben historischen Ausführungen und Anekdoten. Von Maria Theresia, der *Schwiegermutter Europas,* und der geschickten Heiratspolitik des Hauses Habsburg-Lothringen. Von dem pflichtbewussten, *ersten Beamten* seines Reiches, Franz Joseph, und seiner wunderschönen, aber störrischen Sisi, die hier so unglücklich war und das Rokokoschloss als riesigen, goldenen Käfig empfunden hat. Mehr als 300 Jahre europäische Geschichte wurden hier mitgeschrieben.
Ein Wiener Versailles hat sich 1688 Kaiser Leopold I. erträumt, an Glanz und Prunk dem des Sonnenkönigs – seinem Erzrivalen in Paris – in nichts nachstehend. Kaum war die Türkengefahr für die kaiserliche Haupt- und Residenzstadt endgültig gebannt, begann jeder, der es sich leisten konnte, außerhalb der engen Stadtmauern mehr oder weniger weitläufige Residenzen zu errichten. Gemäß seiner Stellung als Herrscher des Heiligen Römischen Reiches ließ Leopold auch planen, doch ein Bauwerk, prächtig wie Versailles, blieb der Traum eines Kaisers, der ständig Kriege zu finanzieren hatte. Chronischer Geldmangel erlaubte zunächst nur ein Jagdschloss – den Mittelteil der heutigen Anlage.
Erst seine Enkelin, Maria Theresia, fand auch während der Kämpfe um ihre Herrschaft Mittel genug, um dem Prunkbau nach 1750 nahezu sein heutiges Aussehen zu verleihen. Ihr Leben lang hat sie Schönbrunn geliebt. Hier wuchsen ihre Kinder auf, 16 insgesamt, von denen aber nur elf sie überlebten. Und hier starb die große Herrscherin 1780 mit den Worten: »Es ist, als wenn man von einem Zimmer in das andere geht …«
Ihr Mann, Franz Stephan von Lothringen, als Kaiser Franz I.,

hat stets die Naturwissenschaften und die Alchemie der hohen Politik vorgezogen. Letztere war bei Maria Theresia wohl auch in besseren Händen. Für sich selbst ließ er den Tiergarten anlegen samt einem alchemistischen Labor im dortigen Kaiserpavillon, wo der Freimaurer und Mystiker nach dem *Stein der Weisen* suchte. Auch die streng geometrische Ordnung des Schlossparks erfolgte nach seinen Anordnungen und soll auf esoterischen Prinzipien beruhen – Zahlenmagie und Astrologie.
Viel nüchterner residierte hingegen Franz Joseph. 1830 in Schönbrunn geboren, hat er hier 1916, am Höhepunkt des Ersten Weltkriegs, auch sein Leben beschlossen. Keine zwei Jahre darauf unterschrieb der letzte Habsburger Kaiser, Karl I., im Blauen Chinesischen Salon seine Verzichtserklärung und ging ins Exil. Damit endete die knapp 650 Jahre währende Herrschaft dieser Dynastie.
Tief atmet Heinz Leitner die Luft der kaiserlichen Hallen ein. Manchmal glaubt er sich in vergangene Zeiten versetzt, so seltsam und schwer erscheint sie ihm. Er mag, nein er liebt vielmehr seine Arbeit. So ziehen seine Gedanken weite Kreise, bis er von einer Sekunde auf die andere wie angewurzelt stehen bleibt. Zunächst sind es nur zwei zarte Schatten in seinen Augenwinkeln, so, als würde er von einer optischen Täuschung genarrt. Bei näherem Hinsehen bleibt sein Mund vor Erstaunen weit geöffnet. Er ist doch vollkommen bei Sinnen, spielt ihm hier jemand einen Streich?
Zwei blasse, nahezu transparente Frauengestalten schweben knapp über dem Boden im Toilettezimmer Kaiserin Elisabeths. Die eine der beiden, wohl die Herrin, trägt ein weißes Spitzenkleid, die andere kämmt ihr das Haar. Kräftig und kontrastreich stechen die dunklen Strähnen aus dem ansonsten fast farblosen Szenario hervor. Die Dienerin, der Ton ihres Kleides ist eine Ahnung von Gelb, steckt geschickt eine kunstvolle Frisur, als ob sie es schon hunderte Male zuvor getan hätte. Leitner sieht die vergnügten Mienen der beiden, bisweilen scheinen sie sogar zu kichern, merkwürdigerweise ist aber nicht der geringste Laut zu hören. Nur wenige Meter und eine Glaswand trennen den Fremdenführer von der seltsamen Erscheinung. Kaum wagt er

zu atmen, zu groß ist die Angst, durch ein Räuspern oder eine unbedachte Bewegung, die Wesen zu vertreiben.
Sein Herz klopft vor Aufregung, als plötzlich irgendwo ein Fenster krachend zuschlägt. Von einem Moment auf den anderen sind die beiden Frauen verschwunden, als hätten sie sich in Luft aufgelöst. Leitner findet sich alleine vor der Glaswand stehend und, wie es ihm scheint, noch eine kleine Ewigkeit lang auf die hölzerne Kommode dahinter starrend. Nichts Ungewöhnliches ist mehr wahrzunehmen. Langsam dämmert ihm, dass er die beiden Frauen schon oft auf Bildern gesehen hat – Sisi und ihre Frisörin Fanny Feifalik!
Als Leitner am selben Abend nach Hause kommt, zweifelt er noch immer an seinem Verstand und schluckt vorsichtshalber zwei Beruhigungspillen. Obwohl er Bedenken hat, möchte er sein Erlebnis dennoch nicht für sich behalten, zu sehr beschäftigt ihn das Gesehene.
Am nächsten Tag zieht er deshalb zwei Kollegen ins Vertrauen. Zunächst herrscht eine seltsame Stimmung zwischen den Männern. Leitner erzählt, die beiden anderen hören ihm lange schweigend zu. »Ich hab sie auch schon gesehen«, gesteht schließlich einer von ihnen zögernd. Der andere Kollege nickt zustimmend: »In letzter Zeit stellen auch schon Touristen Fragen in diese Richtung, vor allem die Briten und Amerikaner sind da sehr offen. Sie erzählen, sie hätten zwei geisterhafte Frauen gesehen, von denen eine frisiert worden sei. Und die ganze Erscheinung wäre nur wenige Sekunden lang sichtbar gewesen.«
Nach ihren Führungen vereinbaren die drei an diesem Tag erneut ein Treffen, um bei der Direktion der Schlossverwaltung vorzusprechen. Dort ernten sie zunächst nur Gelächter, doch als Leitner und seine Kollegen bei ihren Behauptungen bleiben, werden sie zu absolutem Stillschweigen gemahnt. »Ich will hier keine Spinner, Sektierer oder Satanisten«, erklärt ihr Vorgesetzter zornig. Die drei sind wie vor den Kopf gestoßen, beschließen aber resigniert, sich an die Anweisung zu halten.
Doch die schöne Kaiserin spukt Heinz Leitner noch Tage später im Kopf herum, lässt ihn einfach nicht mehr los. Er will es nicht bei diesem einmaligen Erlebnis belassen und wandert in jeder

freien Minute zu ihrem Toiletteraum. Als Führer weiß er natürlich, dass sich Sisi hier zu ihren Lebzeiten nicht die Haare hat frisieren lassen. Ihre privaten Gemächer lagen, heute für Besucher unzugänglich, im Nordtrakt des Schlosses, wo sie durch eine eingebaute Wendeltreppe Zugang zu ihren Räumen im Erdgeschoß hatte. Nur das Mobiliar sowie kleine, ausgewählte Frisiergegenstände und Accessoires stellt man hier im Toilettezimmer aus. Vielleicht hängt ja an einer der Bürsten noch ein Haar von ihr? Nachdenklich betrachtet Leitner das lebensgroße Porträt der kaiserlichen Friseurin Fanny Feifalik an der Wand des kleinen Raumes. Ist das alte, kostbare Holz des Frisiertisches oder vielleicht einer der zierlichen Gegenstände der Grund, warum es Elisabeth hierher zurückzieht? Am Schloss selbst kann es wohl nicht liegen, hier hat sie sich nie wohl gefühlt. Wenn dieser Ort sie noch mehr als 100 Jahre nach ihrem gewaltsamen Tod gefangen hält, so liegt darin eine gewisse Ironie. Zu ihren Lebzeiten wollte sie ihm ständig entfliehen.

Anfang der 1860er-Jahre litt sie an einer Lungenkrankheit, von der sie sich auf Korfu und Madeira erholte. Es war der Beginn einer langen Odyssee. Von da an sollte Elisabeth bis an ihr Lebensende durch halb Europa hetzen und nirgendwo für längere Zeit Ruhe finden. Am 10. September 1898 erstach der italienische Anarchist Luigi Lucheni in Genf die österreichische Kaiserin mit einer Feile. Vielleicht tat er ihr damit letztendlich sogar einen Gefallen, denn der »süßen« Sisi hatte das Älterwerden große Probleme bereitet. Lange schon hatte sie ihr Gesicht hinter Fächern und Schleiern verborgen und in ihren Gedichten den Tod herbeigesehnt.

Heinz Leitner hat sich eigentlich nie besonders für Elisabeths Biografie interessiert. Jetzt steht er hier schon wieder vor der Glaswand, starrt auf den Raum dahinter und hofft auf eine Bewegung, ein Geräusch, vielleicht nur den leichten Umriss einer Gestalt. Was bin ich bloß für ein Narr?, denkt er und will sich schon abwenden. Doch da tauchen sie wieder auf, die Feinstofflichen.

Fanny, fast so schön wie die Kaiserin selbst, umrundet Elisabeth mit zwei kleinen goldenen Handspiegeln, damit sich diese von allen Seiten bewundern kann. Sisi kritisiert ständig, Leitner entnimmt das ihrem Gesichtsausdruck und ihrer Gestik. Launisch ist sie und nie richtig zufrieden mit ihrer Frisur. Wütend löst sie die Klammern und schüttelt ihre Mähne, bis die langen und dicken Haarsträhnen herabfallen. Zornig gestikulierend fordert sie wohl das Mädchen auf, ihr eine neue, bessere Frisur zu machen. Leitner meint, etwas von der negativen Energie dieser Situation zu fühlen, eisige Kälte, die den Raum für wenige Sekunden durchweht. Doch im nächsten Moment löst sich die Spannung wieder auf und die blassen Gesichter scheinen zu lachen und zu scherzen, ohne dass nur ein Laut zu hören ist. Zwischendurch wirft Elisabeth immer wieder einen kritischen Blick in den Spiegel und Fanny kämmt und flechtet unermüdlich. Wie hypnotisiert genießt Leitner seine Rolle als Zuschauer, die wenigen Schrecksekunden schnell vergessend. Plötzlich dringt wieder irgendwoher aus den weiten Hallen ein Geräusch. Er weiß nicht mehr, was es war. Vielleicht fällt irgendwo eine Türe ins Schloss oder es knarrt auch nur der Boden. Wie auch immer, der Spuk ist jedenfalls genauso schnell vorüber, wie er begonnen hat. Anscheinend fliehen die Gespenster vor Lärm oder weiteren Menschen.

Der Fremdenführer spürt eine seltsame Zufriedenheit in sich; sein Zeitgefühl ist ihm völlig abhanden gekommen. Aber der Minutenzeiger seiner Armbanduhr hat sich kaum bewegt, obwohl es Leitner abermals wie eine kleine Ewigkeit erschienen ist. Nein, die Sorge ist unbegründet, die nächste Touristengruppe erwartet ihn erst in einer Viertelstunde am Eingang.

Noch nie zuvor ist der introvertierte Mann mit dem Übernatürlichen konfrontiert worden und so recht hat er auch nicht an derartige Dinge geglaubt. Leute mit solchen Erlebnissen würde er zwar nicht grundsätzlich als Spinner bezeichnen, aber dass sich ausgerechnet ihm, mit seinen knapp 40 Jahren, neuerdings Geister zeigen, verstört ihn nun doch. Sein Interesse an der Kaiserin ist jedenfalls geweckt. Wieder zuhause nimmt er ein Buch zur Hand, das er sich vor einigen Jahren gekauft, bisher aber nicht gelesen hat – die Historikerin Brigitte Hamann räumt in ihrer Sisi-Biografie gründlich mit dem Kitsch auf, der

bis dahin gepflegt worden ist. Hamann rückt nicht die süße Prinzessin aus Bayern ins Zentrum ihrer Arbeit, sondern hat neue Quellen erschlossen, die auch die Schattenseiten der Wittelsbacherin zeigen.

Am 20. April 1854 verließ Elisabeth im Alter von 16 Jahren ihre Heimat, um den jungen österreichischen Kaiser Franz Joseph zu heiraten. Sie war das ländliche Leben mit all seinen Freiheiten gewohnt, daher litt sie am steifen Wiener Hof unter dem eisernen Zeremoniell, auf das ihre Schwiegermutter, Erzherzogin Sophie, so besonderen Wert legte. Bereits während ihrer Flitterwochen weinte Elisabeth vor Heimweh. Franz Joseph nahm sich nur wenig Zeit für sie. Er war ein nüchterner und disziplinierter Mann, die anfangs absolutistische Regentschaft seines riesigen Reichs nahm ihn voll und ganz in Anspruch.

Doch mit den Jahren setzte sich die Kaiserin gegen das Protokoll ausgiebig zur Wehr. Streitereien mit ihrem Ehemann entzog sie sich ebenso wie ihren Pflichten als First Lady der Monarchie durch ausgedehnte Reisen. Vom künstlerischen Standpunkt her erscheinen ihre Gedichte heute nur wenig wertvoll, sie spiegeln aber das Bild einer höchst unglücklichen und weltfremden Frau wider. Nach heutigem medizinischen Wissensstand war sie gemütskrank, magersüchtig und frigide. Hinzu kamen schwere Schicksalsschläge: Ihr erstes Kind, Sophie, erlag bereits im Alter von zwei Jahren einer schweren Krankheit und ihr einziger Sohn, Kronprinz Rudolf, erschoss sich, syphiliskrank, mit seiner Geliebten Mary Vetsera in Mayerling – für das streng katholische Erzhaus besonders tragisch und ein unter allen Umständen zu vertuschender Skandal.

Der Kaiser geriet von allen Seiten in politische Bedrängnis, da die zwölf Völker der Monarchie immer mehr auseinander strebten. Nur ein einziges Mal mischte sich Elisabeth nachweislich in die Staatsgeschäfte: Der verhängnisvolle *Ausgleich* mit Ungarn 1867 kam nicht zuletzt wegen des Drucks zu Stande, den sie diesbezüglich auf Franz Joseph ausübte. Die Ungarn verehrten deshalb ihre Königin und freuten sich über den neuen, äußerst schwierig zu regierenden Doppelstaat, denn proportional zu ihrem Anteil an der Bevölkerung erlangten die Magyaren übergroßen Einfluss. Ob sich Elisabeth über die Folgen ihrer Kampagne im Klaren war, ist zu bezweifeln. Viel mehr ließ sie sich wohl von ihren Emotionen leiten.

Ansonsten widmete sich Sisi in erster Linie der Pflege ihrer legendären Schönheit. Sie schien geradezu besessen von ihrer äußeren Erscheinung. Allein das Gewicht ihres Haares bereitete ihr oft solche Kopfschmerzen, dass sie es mit Bändern in die Höhe hängen ließ, um wenigstens eine Zeit lang von der Last befreit zu sein. Für ihre berühmte Wespentaille nahm sie sogar Hungerödeme in Kauf und Sport betrieb sie täglich mit eiserner Disziplin.

Leitner möchte mehr über die Beziehung der Kaiserin zu ihrer Frisörin wissen. Er schlägt die letzten Seiten des Buches auf und sucht im Personenregister – Feifalik Fanny, geborene Angerer, Frisörin.

Elisabeth betrieb schon zu Lebzeiten einen wahrhaft merkwürdigen Kult um ihr Haar. Die kastanienbraune Mähne reichte ihr bis zu den Fersen und eine einzige Haarwäsche dauerte einen ganzen Tag. Die Flechtfrisuren, die man von den drei berühmten Winterhalter-Gemälden kennt, wurden in kunstvoller dreistündiger Arbeit gefertigt. Sisi brauchte nicht nur eine Frisörin, sie brauchte eine Künstlerin. Die fand sie 1863 in der 17-jährigen Fanny Angerer. Diese übte ihr Handwerk damals gerade am Burgtheater aus, als die Kaiserin auf sie aufmerksam wurde. Das geschickte und kluge Mädchen wurde an den Hof geholt, um fortan für Elisabeth zu arbeiten.

Fanny wurde für Elisabeth eine sehr wichtige Bezugsperson. War das Mädchen krank, verweigerte die hohe Frau sogar, bei offiziellen Veranstaltungen aufzutauchen. Somit erarbeitete sich die Frisörin so etwas wie eine Machtposition am Hof. Ihr Einfluss auf Elisabeth war enorm. Hatten die Frauen Streit, erklärte sich Fanny gerne unpässlich und schickte der Kaiserin ein anderes Mädchen als Ersatz. Diese reagierte jedes Mal verärgert und war nie zufrieden mit der Leistung der Vertretung. Einmal meinte sie sogar: »Nach einigen solchen Frisiertagen bin ich wieder ganz mürbe. Das weiß jene und wartet auf eine Capitulation. Ich bin die Sclavin meiner Haare.« Somit war die

ranghöchste Frau der Monarchie wohl auch eine Sklavin ihrer Frisörin.
Sisis Laune konnte sich dramatisch verschlechtern, wenn ihr Teile ihrer Mähne ausfielen oder sie schlecht frisiert wurde. Fanny überlistete ihre Herrin deshalb mit einem simplen Trick: Die junge Frau ließ beim Frisieren die ausgekämmten Haare Elisabeths heimlich unter ihrer Schürze verschwinden, wo sie vorsorglich ein Klebeband angebracht hatte. Die Kaiserin bekam dann einen sauberen Kamm zu sehen und war höchst zufrieden. Diese Anekdote wird von Leitner und seinen Kollegen auf den Führungen gern zum Besten gegeben und amüsiertes Schmunzeln der Gruppe ist ihnen jedes Mal sicher.
Doch trotz diverser Reibereien mochten die beiden einander sehr. Die Dienerin war, wie die Herrin selbst, von tadelloser Haltung. Also setzte Sisi Fanny sogar als Doppelgängerin bei Auslandsreisen ein. Höhere Damen trugen damals gerne Schleier und somit flog der Schwindel nicht auf. Ungestört konnte die Kaiserin ihren Zerstreuungen nachgehen.
Fanny machte jeden Tag die Haare der schönsten Frau Europas und wurde somit bald die berühmteste Friseurin der Monarchie. Die Damen der Gesellschaft nahmen ihre Dienste ebenfalls gerne in Anspruch und ließen sich das auch einiges kosten. Das Mädchen verliebte sich schließlich in einen Bürgerlichen, einen Bankbeamten namens Hugo Feifalik. Eine Heirat mit ihm hätte der Hofordnung widersprochen. Doch Elisabeth intervenierte erfolgreich bei Franz Joseph und erreichte für Fanny eine Ausnahmegenehmigung. Diese Ehe sollte auch Hugo Feifalik nicht schaden. Zunächst wurde er Privatsekretär der Kaiserin, im Laufe der Jahre schaffte er sogar den Aufstieg in den Ritterstand. Das Paar stand hoch in Sisis Gunst und begleitete sie auf zahlreichen Reisen.
Heinz Leitners Gedanken kreisen ständig um Elisabeth. Bei seinen Sichtungen ist er immer alleine, es gibt keine Zeugen. Das macht ihm Mut, beim nächsten Mal die Kaiserin anzusprechen.
Der Fremdenführer kann es kaum erwarten, Sisi wiederzusehen. Nahezu euphorisch, als wäre er frisch verliebt und auf dem Weg zu einem Rendezvouz mit seiner Angebeteten, jagt er die Stufen

des Schlosses hinauf. Es ist noch früher Vormittag, da zeigen sie sich am liebsten. Er läuft den Gang entlang, außer ihm ist noch keiner da. Voller Vorfreude lehnt er keuchend an der Wand, bemüht, keinen Mucks zu machen. Die Fenster sind fest verschlossen und es ist totenstill. Da plötzlich, fein wie Spinnweben, erscheinen die beiden Gestalten. Genauso wie bisher zupfen, kämmen und prüfen die Frauen; ihm schenken sie nicht die geringste Beachtung. Der einsame Zuschauer ist nervös, aber sein Entschluss steht fest. Langsam, ganz langsam, um nur ja keinen unbedachten Laut von sich zu geben, schleicht er auf dem weichen Teppich zur Glaswand. »Wie geht es Ihrer Majestät?«, fragt er mit leiser, zitternder Stimme, doch Sisi würdigt ihn keines Blickes. Auch Fanny ignoriert ihn und geht weiter ihrer Arbeit nach. Plötzlich sind die filigranen Gestalten wieder verschwunden. Leitner erwacht wie aus einer Trance. Erst jetzt vernimmt er aus einiger Entfernung rasch sich nähernde Schritte. Etwas benommen, aber nach wie vor glücklich, blickt er auf seine Uhr und spaziert zurück zum Ausgang.
Dort warten sie schon – ein paar Deutsche, ein dänisches Paar mit einem quengelnden Kleinkind und eine ältere, sehr nobel aussehende Dame mit silbernem Haar und Wiener Akzent. Freundlich begrüßt er die Gäste, stellt sich vor und geleitet sie dann in das Innere des Schlosses. Leitner beginnt seinen Vortrag wie immer, erzählt von den Schicksalen der Habsburger und der Geschichte Schönbrunns. Als sie sich Elisabeths Toilettezimmer nähern, befällt ihn leichte Nervosität, doch ist er professionell genug, sich nicht anmerken zu lassen, wie sehr ihn die Kaiserin mittlerweile fasziniert.
»Und das hier ist ihre originale Frisierkommode«, erklärt er und deutet auf das kostbare Möbelstück. Fast muss er jetzt lächeln. Wie würden diese Leute wohl reagieren, wenn sie Sisi leibhaftig sehen könnten? Doch dieses Geschenk wird nur ihm zuteil und das erfüllt ihn mit großer Freude. Er macht eine kurze Pause. »Gibt es Ihrerseits noch Fragen?«
Die ältere Wienerin hebt kurz die Hand. »Ja. Haben Sie Sisi eigentlich schon einmal spuken sehen?«
Heinz Leitner ist völlig perplex, damit hat er nicht gerechnet. Fast

fühlt er sich wie ein Lausbub, den man bei einem Streich ertappt.
»Wieso, ist Ihnen etwas Ungewöhnliches aufgefallen?«, fragt er zurück, bemüht sich seine Überraschung nicht anmerken zu lassen.
»Ich sehe immer etwas«, entgegnet die Fragende mit ruhiger Stimme.
Leitner räuspert sich. »Ich nicht, ich sehe doch keine Gespenster«, antwortet er dann. Vielleicht etwas zu schnell.
Die Dame hebt drohend ihren Zeigefinger und schimpft mit entwaffnend charmantem Lächeln: »Sie kleiner Lügner, Sie!«

Nach unserem mehrstündigen Gespräch wirkte Heinz Leitner erleichtert, fast schien er von einer Last befreit. Mittlerweile arbeitet er in einer anderen Branche. Auch seine beiden erwähnten Kollegen haben bald nach dieser Zeit gekündigt. Einige Male noch hat Leitner seither das Schloss besucht, immer in der Hoffnung, Sisi noch einmal zu sehen, doch bisher ohne Erfolg.
Wir telefonierten auch mit Mitarbeitern der Schlossverwaltung und konfrontierten sie mit der Geschichte. Die Kontaktpersonen waren ausnahmslos freundlich und hilfsbereit, konnten uns aber nichts über die spukende Kaiserin erzählen. Alles andere hätte uns auch erstaunt, denn nur wenige Menschen sind sensitiv genug, solche Erscheinungen zu sehen. Von jenen, die über diese Begabung verfügen, schweigen wohl die meisten. Und Touristen kommen schließlich nach Wien, um hier konservierten imperialen Glanz zu erleben. Gespenster aus vergangenen Zeiten würden hier doch bloß stören. Oder etwa nicht?

SPUKHÄUSER

»Ein böses altes Haus ... drohend, geheimnisvoll, wie ein unentdecktes Land, das es zu erforschen gilt.« So beginnt der Film *Bis das Blut gefriert* aus dem Jahr 1963. Die Hauptrolle spielt eindeutig das unheimliche *Hill House*. Anfangs sind es nur Gegenstände, die sich von selbst bewegen, ein eisiger Hauch durchweht die Gänge und etwas Unbekanntes rüttelt nachts an den Türen. Am Ende gelingt es dem Wissenschaftler Dr. Markway und seinen Assistenten aber nicht, dieses »unendeckte Land« zu »erforschen«. *Hill House* bewahrt sein Geheimnis, aber nicht alle können sich schließlich aus dem Bann des düsteren Gemäuers befreien.

Bemühen wir das Klischee, dann finden sich Spukhäuser irgendwo in der Einöde, vorzugsweise in einer Moorlandschaft, und den ehemaligen Bewohnern wird ein tragisches Schicksal nachgesagt. Die Leute der Umgebung munkeln, es gehe dort nicht mit rechten Dingen zu, und meiden diesen Ort, vor allem während der Dunkelheit.

Gibt es solche Häuser auch in Großstädten? Viele Stadtbewohner kennen nicht einmal ihre noch lebenden Nachbarn, geschweige denn die Schicksale ihrer Vorgänger. Waren nicht zufällig irgendwelche Berühmtheiten unter ihnen, so bleibt die Geschichte einzelner Häuser meist im Dunkeln. Dabei steht heute so manches Heim auf einem Boden, der in früheren Zeiten ganz anderen Zwecken gewidmet war, etwa der Bestattung von Toten. Und so manche Wohnung hat Vorbesitzer, die sich nicht so leicht von ihrer irdischen Behausung trennen wollen.

Ziehen dann schemenhafte Gestalten durch die *eigenen* vier Wände, klappert das Geschirr im Schrank und ertönen Schritte aus leeren Räumen, wissen meist nur die unmittelbar Betroffenen davon und für gewöhnlich schweigen diese auch darüber. Oder aber sie wechseln überstürzt ihre Adresse. Diese Geschichten werden nicht von Generation zu Generation weitererzählt und geraten bald in Vergessenheit. Außer jemand bringt sie zu Papier.

Die Schatten der Leopoldstadt

Auf den Gräbern Blumen und Aschenkrüge,
vorüber in Ferne rasseln die Züge,
still bleibt das Grab und der Schläfer drin –
der Wind, der Wind geht drüber hin.

(»Meine Gräber«, Theodor Fontane)

14. Juni 1942, Aspangbahnhof, 3. Bezirk
Nahezu tausend Menschen stehen dicht gedrängt an der Postrampe im Frachtenbereich des Bahnhofs, Männer und Frauen, Alte und Kinder. Alle haben sie nur eines gemeinsam: Für ein wahnsinniges Regime gelten sie als Juden und somit als rechtlos, ganz egal, ob sie diesem Glauben anhängen oder nicht. Viele tragen Bart und Schläfenlocken, wie den Orthodoxen unter ihnen vorgeschrieben, nicht wenige hingegen gewöhnliche Straßenkleidung. Von anderen Wiener Zivilisten unterscheidet sie lediglich der gelbe Stern, welcher *an auffälliger Stelle anzunähen ist*, wie das Gesetz es verlangt.
Schutzpolizisten in grünen Uniformen und SS-Männer in ihren schwarzen ziehen durch die Reihen, durchwühlen unter Flüchen und Tritten Gepäck nach Wertgegenständen. Nur ein einziger Koffer oder Rucksack pro Person wird genehmigt; Verpflegung für mehrere Tage bleibt jedem selbst überlassen. Die Kluft zwischen den Tausend und ihren Peinigern könnte größer nicht sein – hier die *Herren-* und dort die *Untermenschen.*
Noch vor wenigen Jahren hat es diese Unterscheidung nicht gegeben, man war Wiener, Österreicher. Nach dem Anschluss 1938 haben Staat, Partei und unzählige Mitläufer alle, die nach

den Nürnberger Rassengesetzen als Juden angesehen wurden, aus ihrem Zuhause verjagt und in Sammellager, *Judenhäuser*, gepfercht. Mit einem Mal standen allein in Wien somit mehr als 60.000 Wohnungen für *verdiente Volksgenossen*, für *Arier*, frei. Systematisch entrechtet, von Schulen und Universitäten ausgeschlossen, mit Berufsverbot belegt, wurden jüdische Wiener schließlich auch ihres gesamten Besitzes beraubt, auf wenig mehr als das nackte Leben reduziert.
Im Februar 1941 begannen die Transporte. In geschlossenen Güterwagons, dicht aneinander gepresst, waren Menschen tagelang unterwegs. Viele haben die unbeschreiblichen hygienischen Zustände während der Deportation nicht überlebt, andere wurden verrückt. Am Ende der Fahrt standen Orte wie Theresienstadt, Minsk oder Auschwitz.
Ab 12 Uhr Mittag treiben ihre Bewacher die Tausend wie Vieh in die Wagons. Passt trotz der Schläge niemand mehr hinein, werden die massiven Türen verriegelt.
Dieser Zug verlässt Wien um 19.08 Uhr. Nach 61-stündiger Fahrt wird er Sobibor, nahe Lublin im besetzten Polen, erreichen. Wenige Wochen später wird von den Tausend niemand mehr leben.
Mehr als 180.000 Menschen zählte die jüdische Bevölkerungsgruppe Wiens vor dem Anschluss. Etwa 130.000 gelang rechtzeitig die Flucht, großteils unter Zurücklassung ihres gesamten Vermögens. Nur einige Tausend überlebten das Kriegsende in Österreich, meist untergetaucht, als so genannte U-Boote. Mehr als 65.000 aber wurden ermordet. Viele entstammten der Leopoldstadt, dem 2. Wiener Bezirk, einige von ihnen wohnten vor der Verfolgung im Haus Komödiengasse Nummer 3.

27. November 1978, Komödiengasse 3, 2. Bezirk, 18 Uhr
»Grüß Gott, Polizei. Machen S' auf … bitte!«
»Ja was ist denn passiert?«
»Man hat uns g'rufen. Da drinnen, da hat jemand geschrien. Eine Frau.«
»Dort drinnen? Aber das kann nicht sein. Das ist ein Lagerraum, da ist jetzt niemand mehr da.«

»Davon möcht' ma uns schon selbst überzeugen. Haben S' an Schlüssel?«
»Ja sicher, einen Moment bitte. Ich sperr Ihnen auf. ... Na, sehen Sie, was ich gesagt habe, um diese Zeit ist hier niemand mehr.«
»Wir sind ang'rufen worden, weil jemand Schreie g'hört haben will, mehrmals. Und die sind angeblich von hier drinnen kommen. Na ja, wir werden noch die Anrainer fragen. Vielleicht haben die was g'hört.«
»Bitte, tun Sie das nur.«

14. Mai 2003, ein Kaffeehaus am Graben, 1. Bezirk
»An diesen Polizeieinsatz kann ich mich noch gut erinnern«, erzählt Oliver Stummer. »Ich war damals zehn Jahre alt und in der Familie ist immer wieder darüber gesprochen worden. Dieses eine Mal war es eben besonders schlimm, sodass Passanten die Polizei gerufen haben. Die Schreie einer Frau waren aber schon in den Jahren davor zu hören gewesen, immer im November.«
Seit langer Zeit befindet sich das Haus Komödiengasse 3 in der Leopoldstadt im Besitz der Familie Stummer; verwaltet wird es heute von Oliver Stummers Mutter, Gerda-Jean Stummer. Der große, blonde Mittdreißiger ist hier aufgewachsen und vor wenigen Jahren, nach der Geburt seines Sohnes, auch wieder in eine der frei gewordenen Wohnungen eingezogen.
»In den achtziger Jahren hat sich auch mein älterer Bruder im Haus eine Wohnung renoviert, ebenso meine Schwester. Beide leben heute noch dort. Was in der Familie immer als ›Spuk‹ präsent war, hat sich in den letzten Jahren aber gelegt. Heute ist es schon viel ruhiger, aber wenn ich zurückdenke, dann habe ich als Kind doch sehr darunter gelitten. Das war auch deshalb schlimm, weil mir niemand erklären konnte, warum das so ist.«
Stummer spricht aus der Distanz relativ gelöst über seine Kindheit. Aber weder sein offenes Wesen noch gelegentliche Scherze können darüber hinwegtäuschen, dass er sein Aufwachsen in diesem Haus bisweilen als Martyrium empfunden haben muss.
»Sie kamen immer nachts. Anfangs zeigten sie sich als kleine schwarze Männchen. Wenn ich dann mit angstgeweiteten Augen

aufrecht im Bett saß, unfähig zu schreien, standen sie einfach nur da und starrten mich an. Sie waren klein wie Babys, plump und irgendwie träge und sie haben schwach von innen heraus geleuchtet. Nach einiger Zeit verschwanden sie wieder. Aber ich wusste auch immer, sie würden wiederkommen. Nur ein einziges Mal habe ich meiner Mutter davon erzählt, aber sie dachte wohl, ich hätte schlecht geträumt. Sie versuchte dann mich zu beruhigen und meinte, dass mir diese Männchen ganz bestimmt nichts zu Leide tun würden. Danach habe ich nie wieder etwas über diese nächtlichen Besuche erwähnt. Ich habe mich wohl geniert.« Oliver Stummer schüttelt den Kopf und lacht bitter.

»Sie tauchten völlig willkürlich auf. Einmal standen sie plötzlich um mein Bett herum, dann wieder für längere Zeit nicht. Ich fürchtete mich aber entsetzlich – jede Nacht. Als Kind hatte ich damals die Strategie: Decke über den Kopf und ganz still sein! Ich hoffte, sie würden dann von selbst verschwinden. Geschrien habe ich sicher, ich durchlebte ja wahnsinnige Ängste, aber nur nach innen, in mich hinein. Einmal hörten mich meine Eltern wohl doch schreien – das war etwas später, ich war im Volksschulalter, da sah ich eine riesige, graue Masse, die sich langsam begann aus dem Dunkel herauszulösen. Eine Manifestation war da im Gang. Als meine Eltern dann ins Zimmer gestürzt kamen und das Licht aufdrehten, war sie sofort verschwunden.

Ich erinnere mich, dass meine Mutter immer meinte, die Geister würden mich schon nicht fressen. Und ich dachte daraufhin nur: Was, wenn sie sich irrt? Woher will sie das so genau wissen? Die Reaktion meiner Eltern war wohl weitgehend Hilflosigkeit.

Als ich fünf Jahre alt war, ist dann ein Swami, ein indischer Yoga-Meister und sehr spiritueller Mann, eingezogen. Schon nach kurzer Zeit hat er meine Mutter zur Vorgeschichte des Hauses befragt, weil er in seiner Wohnung fast nicht meditieren konnte, zu sehr litt seine Konzentration. Er meinte, er habe *Boten* wahrgenommen, auch tagsüber, die keines natürlichen Todes gestorben seien. Daraufhin fragten meine Eltern die Großmutter und die erzählte, dass im Haus früher hauptsächlich Juden gelebt hatten. Nach 1938 waren sie aus ihren Wohnungen verjagt und anschließend in die Lager deportiert worden. Niemand ist

zurückgekommen. Der Swami ist bald darauf wieder ausgezogen. Heute leitet er ein Yoga-Zentrum im 4. Bezirk.
Mein älterer Bruder hat dann geheiratet – ich war zehn, zwölf Jahre alt – und begonnen, eine der frei gewordenen Wohnungen für sich und seine Familie zu renovieren. Schon während der Arbeiten ist immer Werkzeug verschwunden und an anderen Stellen unvermutet aufgetaucht, wie aus dem Nichts. Auch später kam es zu mysteriösen Vorfällen. Geräusche aus Räumen, in denen sich niemand aufhielt, gehörten schon beinahe zum Alltag. Seine Frau, meine Schwägerin, nahm oft seltsame, unangenehme Gerüche wahr, die sie nicht zuordnen konnte. Einmal hatte sie einen Topf mit Gemüsesuppe am Herd stehen und wollte diese aufwärmen. Als sie den Deckel hob, war sie völlig entsetzt – drinnen war nicht mehr die Suppe, die sie selbst vor wenigen Stunden zubereitet hatte, sondern ranziges Öl. Manchmal begannen Glasflaschen am Küchentisch ohne ersichtlichen Grund plötzlich zu vibrieren, Besteckteile, ja sogar Bücher, verschwanden auf unerklärliche Weise. Manches tauchte irgendwann unerwartet wieder auf, anderes blieb verschwunden.
Ich habe damals meinem Bruder einen kleinen Kopf aus Ton gebastelt und ihm gesagt, ich schenke ihm diesen als Schutz gegen die bösen Geister. Er stellte ihn in seinen Setzkasten. Bald darauf fand er ihn eines Morgens herausgefallen und die Scherben lagen davor, meterweit über den Boden verstreut.
In der Wohnung meiner Schwester waren ständig Schritte aus dem Nichts zu hören, das Geschirr im Schrank begann auf einmal zu scheppern und bisweilen war ein eisiger Luftzug zu spüren. Der durchwehte die Räume, auch im Sommer und auch dann, wenn alle Fenster geschlossen waren. Die Bekannten und Freunde meiner Schwester sind früher oder später richtig gehend geflüchtet. Sie hatten Angst und sprachen von ›negativer Energie‹, die sie gespürt hätten.
Wir sind an solche Dinge seit frühester Kindheit gewöhnt. Oft ist es vorgekommen, dass wir unseren Vater heimkommen hörten, die vertrauten Geräusche des Schlüssels und der aufgehenden Tür vernahmen. In Wirklichkeit kam da niemand und unser Vater erst Stunden später.

Anderes wieder habe nur ich wahrgenommen. Als ich schon etwas älter war, sah ich wiederholt Soldaten mit Totenköpfen aus der Mauer treten, durch den Raum wanken und in der gegenüberliegenden Wand wieder verschwinden. Die haben einen eigenartigen Singsang intoniert, es klang wie ein Brummen.

Schließlich gab es auch Ereignisse, die für die ganze Familie gefährlich waren. Es muss so 1984 gewesen sein, ich war 16 und kam eines Abends nach Hause. Da brannten am Gasherd alle Flammen, obwohl seit zwei Tagen niemand gekocht hatte und meine Eltern verreist waren.

Hatte ich als Kind schon wahnsinnige Ängste auszustehen gehabt, rutschte ich dann als Teenager psychisch immer mehr ab. Es wurde einfach zur totalen Fixierung. Vor dem Einschlafen prägte ich mir jedes Mal ein, wo genau die Gegenstände in meinem Zimmer stehen, um nach dem Aufwachen sofort feststellen zu können, was sich während der Nacht wieder bewegt hat oder verschwunden ist. Überhaupt waren diese Phänomene ständiges Gesprächsthema in der Familie. Die Atmosphäre war völlig aufgeladen und jeder redete in erster Linie darüber, was er wieder wahrgenommen hatte. Dadurch erlebte ich das als Spirale, aus der ich mich nicht lösen konnte, und alles bekam eine gewisse Eigendynamik.

Während meiner Pubertät war ich dann in psychologischer Behandlung. Die Therapeuten diagnostizierten Panikattacken, ein depressives Syndrom, Paranoia und meinten im Übrigen lapidar: Alles halb so schlimm.

Ich habe viele Jahre gebraucht, um meine Grundangst zu bewältigen, auch das Gefühl loszuwerden, ständig beobachtet zu werden, nicht alleine zu sein.

Später, mit 17, hatte ich ein Schlüsselerlebnis: Eine Lampe ging ständig an und aus, aber statt das wieder als ein Werk der Geister hinzunehmen, hab ich dann die Elektrik überprüft – es war ein simpler Wackelkontakt. Durch bewusstes *Hinschauen* konnte ich mit der Zeit viele Spannungen für mich persönlich auflösen. Ich will das nicht zerreden; natürlich waren nicht alle Erlebnisse rational zu erklären. Aber dieser Spuk hatte schon begonnen mein Leben zu dominieren, weil ich ihm alles Unge-

wöhnliche, also auch Zufälle, die eben passieren, zuschrieb. Ich musste dann lernen, die Dinge so zu betrachten, wie sie wirklich sind, ohne jeder Kleinigkeit gleich eine Bedeutung beizumessen, die sie nicht verdient.
Heute hat sich vieles im Haus beruhigt, und wenn jemand etwas Ungewöhnliches berichtet, dann versuch ich das bereits im Vorfeld einzubremsen, etwa bei meinen Eltern. Man lernt damit zu leben, darf sich diesen Dingen aber nicht völlig unterordnen, denn sonst räumt man den Toten zu viel Macht über die Lebenden ein.
Wenn ihr aber Genaueres über das Haus und seine Geschichte wissen wollt, dann müsst ihr euch an meine Mutter wenden.«

25. Mai 2003, Komödiengasse 3, früher Abend
Mazzesinsel wurde die Leopoldstadt früher genannt, nach dem ungesäuerten Brot, dem jüdischen Glaubenssymbol. Der 2. Bezirk – zusammen mit dem 20. bildet er eine Insel zwischen Donau und Donaukanal – war das Zentrum des jüdischen Wiens. Seit dem Ausgleich zwischen Österreich und Ungarn 1867 waren Juden allen anderen Staatsbürgern der Monarchie rechtlich gleichgestellt, ein Status, den sie kaum anderswo in Europa erlangen konnten. Aus diesem Grund blieben sie auch bis zuletzt meist unempfindlich für die einzelnen nationalistischen Strömungen. Fühlten sich andere Untertanen des Kaisers in erster Linie als Deutsche, Tschechen, Ungarn oder Italiener, so hielten gerade die Juden an der übernationalen Idee des Habsburgerreichs fest und bezeichneten sich als *Österreicher*. Der Einfluss, den gerade die assimilierten unter ihnen auf die heute so geschätzte Wiener Kultur des Fin de Siècle ausübten, war enorm. Auch in den Wissenschaften waren sie überproportional vertreten. Erst mit der Vertreibung und Ermordung seines jüdischen Teils ist das alte Österreich endgültig verloschen und das neue hat sich von diesem Aderlass bis heute nicht erholt.
Derzeit verzeichnet die Israelitische Kultusgemeinde an die 7000 Mitglieder. Vor dem Anschluss an Hitlers Reich sind es mehr als 170.000 gewesen. Die Wiener Gemeinde, damals eine der größten der Welt, mit ihrer kulturellen Vielfalt und Einzig-

artigkeit, wurde nahezu gänzlich ausgelöscht. Die heute Verbliebenen kamen größtenteils erst in den letzten Jahrzehnten nach Wien. Wenige unter ihnen sind zurückgekehrte Emigranten und ein hoher Prozentsatz ist bereits sehr betagt.
Zwischen dem *Krankenhaus der Barmherzigen Brüder* und der U-Bahn-Station Nestroyplatz verläuft die kurze Komödiengasse. Früher bewohnten hauptsächlich jüdische Kleinhändler und Gewerbetreibende dieses Viertel zwischen Taborstraße und Augarten.
Das Haus, dreistöckig mit ockergelber, schmuckloser Fassade, ähnelt vielen Zinshäusern des Biedermeier. Die Leute, die hier lebten, waren nicht reich. Sie zählten aber auch nicht zu den Armen, sondern zur damaligen Mittelschicht.

Gerda-Jean Stummer empfängt uns am oberen Ende der schmiedeeisern gefassten Wendeltreppe im dritten Stock. Die Wohnung, in die sie uns bittet, ist hell und geräumig, eine kleine Wendeltreppe führt noch eine weitere Etage hinauf, dort, an einem runden Tisch, erwartet uns Kaffee.
»Sie sind also gekommen, um etwas über den Spuk hier zu erfahren. Nun, es war schon wesentlich dichter als heute, damals in den siebziger und achtziger Jahren. Durch Mieterwechsel und Umbauten hat sich das alles bereits sehr stark beruhigt. Als beklemmend oder negativ habe ich diese Vorgänge aber nie empfunden, andere wohl, mich persönlich haben sie nie gestört. Im Gegenteil, ich genieße das Gefühl, von irgendetwas umgeben zu sein.«
Diese Worte nimmt man der Dame ab. Sie strahlt Stärke aus, vermittelt Ruhe und Gelassenheit. Schatten können dieser Frau wohl keine Angst einjagen.
»Ich fühle mich hier geborgen und das war schon immer so. Oliver hat das natürlich sehr viel anders erlebt. Er war ein unerhört sensibles Kind, extrem ängstlich. Ebenso meine Tochter – ihre Wohnung liegt direkt unter dieser im zweiten Stock. Immer wieder drangen Geräusche herauf, auch wenn sie nicht zuhause war, etwa das Zuschlagen von Türen oder lautes Husten, Schritte, als würde jemand umherirren. Ging ich dann nachschauen,

war niemand da. Sie hat stets ein sehr offenes Haus geführt, zahlreiche Freunde und Bekannte kamen auf Besuch. Die haben sich alle entsetzlich gefürchtet und wollten daraufhin diese Wohnung nicht mehr betreten. Sie fühlten sich von negativer Energie regelrecht bedroht. Ich habe das nie verstanden. Weder empfand ich diese Energien als negativ, noch hatte ich je das Gefühl, etwas Schlechtes würde mich hier umgeben. Ich hab das einfach nie gewertet.
Was ich über das Haus sagen kann? – Es wurde 1832 erbaut und ist seit 1839 im Besitz der Familie. Genauer gesagt, stammt es aus der Verwandtschaft meines Mannes. Für ein Zinshaus aus dem Biedermeier hat es sehr geräumige Wohnungen. 26 sind es heute, alle zwischen 90 und 120 Quadratmeter groß, verteilt auf zwei Stiegen. Es war immer schon ein Mietshaus und von Anfang an gab es diese Hausherrenwohnung.
Wissen Sie, ich hab 1954 in die Familie geheiratet und seither ist das mein Zuhause. Mein Mann wurde zwar hier geboren, wohnte aber bis zu unserer Hochzeit berufsbedingt in Graz und Salzburg. Der Schwiegervater zog zeit seines Lebens Grinzing der Leopoldstadt vor und die Schwiegermutter kam erst 1968 als Witwe wieder hierher zurück. Als der Spuk dann massiv wurde, war sie es auch, die mir erzählte, dass seit jeher Juden die Wohnungen gemietet hatten. Nach ’38 wurden all diese Familien aus dem Haus gejagt und ihre Wohnungen fielen an Parteigänger, wurden, wie man sich damals auszudrücken pflegte, *arisiert.* Aber über die damaligen Bewohner kann ich nichts sagen. Nachdem die alten Mieter rausgestorben sind, gab es niemanden mehr, der uns etwas darüber hätte erzählen können, und auch zuvor bestand kaum Kontakt. Ich weiß also nichts über die jüdischen Vormieter, auch nicht, *wer* sie waren. Es ist niemand mehr da, der sich erinnert, und das ist sehr schade. Vor gar nicht langer Zeit, wir saßen abends beim Fernsehen, da kam meine Tochter und erzählte, ein Mann hätte geläutet. Er habe früher einmal hier gewohnt, vor dem Krieg, und lebe seither in den USA. Meine Tochter hat ihm aber leider gesagt, die Eltern wären nicht zuhause, er solle ein andermal wiederkommen. Natürlich kam er nicht mehr. Das war sehr schade, weil wir

eben nichts über die früheren Bewohner wissen. Nur über die Wohnung meiner Tochter habe ich mehr erfahren. Während des Krieges soll sich dort jemand erhängt haben. Das war aber schon nach der Vertreibung, also kann das definitiv kein Jude gewesen sein.«

Gerda-Jean Stummer zieht die Schultern hoch, als wäre ihr kalt, und gießt uns Kaffee nach.

»Ganz massiv ging es immer am Dachboden zu. Der beginnt gleich hier neben dem Schlafzimmer und endet bei der Wohnung der Nachbarin vis-à-vis. Immer wieder hörten wir beide das Gleiche, nämlich das Geräusch trampelnder Füße. Es waren sehr schwere Schritte, mehrere gemeinsam und gleichzeitig, ähnlich einem Marsch. Doch es kann sich niemand dort aufhalten, nur ich habe einen Schlüssel. Die Nachbarin hatte lange niemandem davon erzählt und war dann sehr erleichtert, mit mir endlich darüber sprechen zu können. Sie hat dann immer wieder angerufen: ›Am Dachboden rennen s' schon wieder!‹ Mittlerweile ist das Dachgeschoß ausgebaut und seither ist es relativ ruhig.

Ja, dieses Lager, wo immer eine Frau geschrien hat, das gibt es heute noch. Im Erdgeschoß an der Ecke. Es ist immer noch gewerblich genutzt, aber zu hören ist da schon lange nichts mehr. Ich erinnere mich noch gut daran, das war in den siebziger Jahren. Ich musste den Polizisten damals aufsperren; Passanten hatten sie gerufen, weil sie diese Schreie gehört haben.

Wer hier spukt? Nun, ich habe nie etwas darüber gehört, dass es vor der NS-Zeit irgendwelche Vorfälle gegeben hätte. Natürlich stammt das alles aus diesen Jahren. Das sind in erster Linie die Deportierten. Und es geht ihnen nicht darum, die Lebenden zu quälen, sondern sie wollen einzig und allein Beachtung, Aufmerksamkeit erregen. Ihre Botschaft ist ganz eindeutig: Wir sind da, denkt an uns, vergesst uns nicht und auch nicht, was mit uns geschehen ist! In dem Moment, wo man sie zur Kenntnis nimmt, geben sie Ruhe, dann löst sich das auf.

Überhaupt hat das Darüber-Reden sehr viel bewirkt. Nur nicht totschweigen! Ich glaube, mit meiner Energie diese Dinge bereits sehr stark beruhigt zu haben, und das wirkt sich auch auf das gesamte Haus aus. Heute herrscht hier eine sehr gute Atmo-

sphäre. Zwar sind die Mieter hauptsächlich junge Leute, viele Studenten darunter, aber sie passen sich dem Haus an. Das geht ganz von selbst. Wir hatten etwa einen jungen Mann in einer der unteren Wohnungen, dessen Bassverstärker die ersten Tage hindurch andauernd dröhnte. Innerhalb kürzester Zeit hat er von selbst seine Musik leise gedreht und sich angepasst. Auch heute gibt es noch Vorfälle, auch hier in meiner Wohnung. Ein Schlüssel etwa, den ich gesucht habe, fällt plötzlich vom Plafond, Türen gehen auf und schließen sich wieder von selbst und gelegentlich vernehme ich ein Räuspern, obwohl ich alleine zuhause bin. Aber mit all diesen Dingen pflege ich einen selbstverständlichen Umgang, das ist nichts, was mich beunruhigen könnte.«
Auf den Swami angesprochen lächelt Frau Stummer. Sie sagt, sie habe ihn in guter Erinnerung, er sei Anfang der siebziger Jahre direkt aus Indien gekommen, habe binnen kürzester Zeit Deutsch erlernt und sie und ihre Tochter Yoga gelehrt. In seiner Wohnung auf der rechten Stiege lebe nun ihr Neffe. »Der hat ähnliche Wahrnehmungen wie seinerzeit der Swami, aber ihn stört das nicht.«

Der Versuch, auch den Swami zu befragen, blieb zunächst erfolglos, da er sich in jener Zeit nicht in Wien aufhielt. Offenbar hat ihn unser Anliegen dann aber doch erreicht, denn wenige Wochen später folgte ein ausführliches Mail mit folgendem Inhalt:

Ich kenne Oliver Stummer und seine Familie sehr gut. Seine Mutter und Schwester waren Yoga-Schülerinnen von mir und ich habe eine Zeit lang in dem Stummer-Haus in der Komödiengasse gewohnt.
Zu Ihren Fragen kann ich so viel sagen:
Eines Nachmittags, als ich vom »Yoga Nidra«, der yogischen Ruhepause, erwachte, nahm ich eine ungewöhnliche Schwingung im Raum wahr. Zwei bis drei Gestalten zeigten sich mir in Form von Lichtbildern. Mein erster Gedanke war, dass ich zu schnell aufgestanden wäre und mir mein Kreislauf ein Schnippchen geschlagen hätte. Daraufhin habe ich mich in die Küche begeben, um mir eine Tasse Tee zuzubereiten.

Etwa 30 Minuten, nachdem ich den Tee zu mir genommen hatte, vernahm ich erneut etwas, nämlich Stimmen und Geräusche, als ginge jemand durch die Räume. Ich folgte dieser Wahrnehmung und sah für ein paar Sekunden eine Gestalt, die dann wieder verschwand.
Vorkommnisse dieser Art wiederholten sich ab diesem Zeitpunkt immer wieder, manchmal auch in der Nacht. Noch immer suchte ich nach einer plausiblen Erklärung, dachte an Temperaturschwankungen, die Schwingungen und Geräusche im Parkettboden hervorbringen könnten.
Da diese Phänomene nicht enden wollten, begann ich ernsthaft darüber nachzudenken und habe meditiert, um die Ursache herauszufinden. Ich begab mich in die Astralebenen und versuchte so, Kontakt zu diesen Wesen aufzunehmen. Ich vernahm wehklagende Stimmen und fand heraus, dass an diesem Ort, sprich im Haus und seiner näheren Umgebung, einige Leute getötet worden waren, eine Person hatte Selbstmord begangen.
Ich habe erkannt, dass es sich um »Pitra« – unbefreite Seelen Verstorbener – handelte. Sie riefen verzweifelt nach Befreiung. Gemäß meiner spirituellen Erfahrung führte ich eine »Yagiya«, eine Feuerzeremonie, begleitet von Gebeten, für diese astralen Wesen durch.
In der darauf folgenden Nacht verspürte ich dann eine reine, harmonische Energie und der ganze Raum war mit Licht erfüllt.
Meine Definition dieser Ereignisse ist folgende: Seelen, die lange Zeit auf Befreiung gewartet hatten, fühlten sich durch meine Anwesenheit und die vielen heiligen Bilder und Schriften dazu veranlasst, sich bemerkbar zu machen, in der Hoffnung, befreit zu werden. Durch die Zeremonien und Gebete haben sie ihren Frieden gefunden. Daraufhin habe ich zu Mahaprabhuji gebetet in Dankbarkeit dafür, dass er dies ermöglicht hat.
Sollten Sie Oliver nochmals treffen, richten Sie ihm beste Wünsche und Segen von mir aus.

Mit lieben Grüßen
Maheshwarananda Sri Deep Madhavashram

Sperrstund' is' Geisterstund'

Es wird a Wein sein, und mir wer'n nimmer sein,
D'rum g'niaß ma 's Leb'n so lang's uns g'freut.
'S wird schöne Maderln geb'n, und wir werd'n nimmer leb'n,
D'rum greif ma zua, g'rad is's no Zeit.

(»'s wird schöne Maderln geb'n«, Josef Hornig)

Ort: *Bewitched*, Margaretenstraße 20, 4. Bezirk
Zeit: Ende August 2002, Nachmittag

»Ja, ich hatte selbst mal ein Erlebnis mit Geistern, damals, im Keller des *Down Under*. Das ist ein australisches Pub im 6. Bezirk. Bis 1999 war ich dort die Pächterin.«

Die Spontanität, mit der Leona unsere Frage beantwortet, verblüfft uns nun doch. Schließlich kennen wir sie jetzt genau, sagen wir mal, eineinhalb Minuten. Zufällig sind wir an ihrem Geschäft vorbeigekommen und da ist uns das Schild über dem Eingang aufgefallen: *Witch-Shop*. Kurz haben wir überlegt: Wer so ein Geschäft betreibt, glaubt an Übersinnliches. Wer an Übersinnliches glaubt, kann uns vielleicht etwas über Geister erzählen – vielleicht sogar über *Wiener* Geister.

»Es passierte immer nachts, nach dem Zusperren«, erinnert sich Leona, »wenn ich alleine im Erdgeschoß aufräumte und bereits alle Gäste das Pub verlassen hatten. Einmal hörte ich fünf oder sechs Gläser zerbrechen – unten im Keller. Ich ging die Treppe hinunter, sah auch die Scherben über den Boden verstreut, aber da war niemand. Trotzdem hatte ich das unangenehme Gefühl, nicht alleine zu sein. Ich habe dann sofort das Lokal verlassen und das Saubermachen auf den nächsten Tag verschoben.«

Während die blonde Mittdreißigerin eine Kundin bedient, die sich für bestimmte Aromastoffe interessiert, sehen wir uns in dem kleinen Verkaufsraum um: Tarotkarten in allen möglichen Varianten, Kristallkugeln, eine große Auswahl an Amuletten und natürlich Räucherstäbchen hat Leona in ihrem Sortiment, kurz alles, was die moderne Hexe so zu brauchen scheint.

»Ja sicher, ich bin eine Hexe«, antwortet sie ebenso direkt auf unsere Frage. »Hier in Wien wird diese Bezeichnung leider oft sehr negativ aufgenommen. In Sydney, wo ich aufgewachsen bin, sieht man das weit gelassener. Weiße Magie, Zauberei und dergleichen sind in Australien auch viel populärer und werden weitgehend akzeptiert. Beschäftigt man sich erst mal eingehender mit positiver Magie, dann erkennt man ziemlich rasch, dass Hexerei nicht automatisch bösen Zauber, Flüche und Voodoo bedeuten muss. Natürlich gibt es auch in Wien Hexen, aber die Gemeinde hier schottet sich ab und geht kaum an die Öffentlichkeit, aus Angst, verlacht oder für verrückt erklärt zu werden. Wahrscheinlich liegt das an der unterschiedlichen Tradition. Die Wiener gehen mit solchen Dingen eben nicht derart offen und entspannt um, wie etwa die Menschen in England oder Australien. Und mit Geistern ist das wohl dasselbe.«

Einmal sei ein irisches Mädchen hier vorbeigekommen. Sie habe richtiggehend verzweifelt gewirkt und Leona erzählt, sie sei auf der Durchreise und habe die Nacht zuvor bei österreichischen Freunden in einer Wohngemeinschaft verbracht. »Das war in einem alten Wiener Haus. Mitten in der Nacht wurde sie durch irgendetwas geweckt, war sich aber ganz sicher, allein im Raum zu sein. Plötzlich bekam sie eine Ohrfeige. Aus der Luft! Vor lauter Angst konnte sie dann nicht mehr einschlafen. Ihren Freunden gegenüber wollte sie am nächsten Morgen keinesfalls etwas über Geister erwähnen, aus Angst, die könnten sie für verrückt erklären. Erst nachdem sie sich bei mir ausgesprochen hatte, konnte ich sie wieder einigermaßen beruhigen. Jaja, diese Unterschiede in den Traditionen kann ich immer wieder feststellen.«

Obwohl sie bereits seit sieben Jahren in Wien lebt, spricht Leona ausschließlich ihre Muttersprache. Für ihre geschäftliche Tätigkeit scheint das kein Problem zu sein. »Es kommen sehr viele Englischsprachige hierher. Nicht nur Touristen, auch jene, die mittlerweile in Wien leben. Und privat trifft man sich eben in den zahlreichen Pubs. Die Wiener, mit denen ich zu tun habe, beherrschen ebenfalls alle Englisch. Es ist eine schöne alte und auch ziemlich internationale Stadt, dieses Wien …

Ach ja, der Keller … der wurde auch gastronomisch genutzt, für Partys oder Discos. Aber er war kalt und feucht, was ja noch nichts Besonderes ist. Ich meine, er war wirklich *sehr kalt* und *sehr feucht*, wenn ihr versteht, was ich meine«, sinniert Leona. Gesehen habe sie zwar nie etwas, wie sie betont, aber Geräusche vernommen, immer nachts, wenn alle Gäste bereits verschwunden waren.

»Irgendetwas ist da nicht mit rechten Dingen zugegangen. In jener Zeit hatte ich einmal einen Traum. Ich sah nicht nur Wasser in den Wänden, da war auch Blut hinter den Ziegeln.

Ich habe damals den Besitzer des Hauses gefragt, ob er mir etwas über die Geschichte dieses Orts erzählen könne. Er meinte, der Keller sei sehr alt und schon vor 400, 500 Jahren als Weinkeller genutzt worden. Das sei der Rest von viel größeren Gewölben in dieser Gegend, die man im Laufe der Zeit zugeschüttet habe. Vielleicht war das ein Zufluchtsort, ein Versteck zur Zeit der Türkenkriege, ich weiß es nicht. Es würde mich aber nicht wundern, wenn dort Menschen eines unnatürlichen Todes gestorben wären.

Auch einige Leute vom Personal haben mich darauf angesprochen, aber wenn ich nun zurückdenke – alles ebenfalls Australier. Die nahmen das sehr locker und scherzten, dass es den unglücklichen Geistern sicher sehr gut gehe, wenn dauernd so viele Menschen ausgelassen ihre Partys feiern – hier, in ihrem Grab. Österreicher waren zwar auch im Team, die erwähnten diesbezüglich aber nie etwas. Und in den Nächten, in denen Feste stattfanden, also wenn besonders viele Leute da waren, gab es nachher immer den meisten Krach. Ich erkundigte mich auch bei meinem Nachfolger, einem Österreicher, ob er manchmal etwas wahrnehme, doch er verneinte. Aber ich glaube, er ist so gut wie nie nach der Sperrstunde anwesend.

Nun, mehr weiß ich nicht über Wiener Gespenster. Ansonsten hatte ich noch keine Erlebnisse dieser Art. Aber ihr solltet mal meine Freundin Karen fragen. Die kommt aus England und ist mit einem Österreicher verheiratet. Mit Geistern steht sie auf gutem Fuß, sie hat sogar mehrere in ihrer Wiener Wohnung …«

Wir beschließen, vorerst dem *Down Under* einen Besuch abzustatten. Ein Begriff ist es uns bereits, denn *Aussie*-Pubs sind in Wien schließlich eine Rarität.

Ort: *Down Under*, Magdalenenstraße 32, 6. Bezirk
Zeit: Anfang September 2002, früher Abend
Bevor die Magdalenenstraße in die relativ stark befahrene Hofmühlgasse mündet, wird sie auf ihren letzten 100 Metern zur begrünten und gepflasterten Wohnstraße – eine kleine Idylle mitten in Mariahilf. Das Lokal ist leicht zu finden; es ist das einzige in diesem Teil der Straße und die Türe steht weit offen.
Noch ist das Pub leer. Erst in einer halben Stunde wird aufgesperrt. Michael, Leonas Nachfolger, trifft hinter der Schank seine Vorbereitungen. An die Gespenstergeschichten seiner Vorgängerin erinnert er sich noch gut. Ob er auch Geräusche im Keller hört? »Nein«, grinst er schelmisch, »ich sag den Geistern einfach, dass sie mich in Ruhe lassen sollen.« Und nein, weder seine Gäste noch sein Personal hätten ihm von sonderbaren Erlebnissen berichtet. »Aber ihr könnt euch selbst davon überzeugen, dass das ein ganz normaler, gemütlicher Partykeller ist, abgesehen von seinem Alter vielleicht.«
20 Stufen einer engen Treppe führen hinab. Das Gewölbe ist etwa 70 Quadratmeter groß, rechts eine Bar, links der Platz für den DJ. Die Wände bestehen aus Backsteinen, zur Decke hin als Bogen gemauert. Es ist wirklich sehr kühl hier unten, als besonders unheimlich empfinden wir es aber nicht. »Wir nennen ihn *Snakepit*«, erzählt Michael, »jeden Samstag gibt's Live-Musik und auch für Partys kann man ihn mieten. An die 100 Leute passen hier rein, und wenn die Stimmung gut ist, dann ist es hier garantiert nicht mehr kühl. Obendrein dringt nichts nach außen, daher können sich auch keine Anrainer über Lärm beschweren.«
Ob er etwas über die Geschichte des Hauses weiß?
»Nur, dass das Lokal, bevor daraus ein Pub wurde, *Antiquitätenkeller* hieß. Betrieben hat es damals der Besitzer des Hauses. Eigentlich gehört ihm hier der gesamte Block. Mehr weiß ich auch nicht.«
Wieder auf der Straße sticht uns eine kleine Tafel an der Außen-

fassade des Gebäudes ins Auge. Sie zeigt das Relief eines eigenartigen Bauwerks. Mehrere verschieden hohe, von einer Mauer umgebene Türme sind zu erkennen, darunter die Inschrift: *Vorderansicht des ehem. Münzwardeinschlössls. Renoviert im Jahre 1984 von Frau Pauline Hanreich-Ludwig.* Wenn auch kaisergelb gestrichen und tadellos saniert – an ein Schloss erinnert der palaisartige zweistöckige Bau heute nicht mehr.

Ort: Bezirksmuseum Mariahilf, Mollardgasse 8
Zeit: am nächsten Tag, später Vormittag

Im Gebäude schräg gegenüber dem *Down Under* ist das Bezirksmuseum untergebracht. Ein älterer Herr öffnet uns die Tür. Anscheinend sind wir die einzigen Besucher.

»Wissen Sie, ab und zu kommen ein paar Schulklassen vorbei, aber sonst herrscht hier nicht viel Betrieb.« Auf unsere Fragen nach dem *Münzwardeinschlössl* schüttelt er nur den Kopf. Von einem Schloss auf diesem Grund habe er noch nie etwas gehört. Aber er werde uns gerne bei der Suche in den Bezirkschroniken helfen.

Zwei Stunden später wissen wir mehr: Dieser Teil von Mariahilf bestand im 17. Jahrhundert hauptsächlich aus Weingärten, Äckern und vereinzelten Hütten zwischen dem Dörfchen Gumpendorf und den Festungsmauern von Wien. Von Vor-*Stadt* konnte damals noch keine Rede sein. Das Gebäude, das uns interessiert, war kein Schloss oder Schlössl, sondern ein größeres Landhaus. Ab 1663 ist als Besitzer der kaiserliche Münzwardein Siegmund Hammerschmied nachweisbar. Dieses Amt wurde geschaffen, um den damaligen Münzverfall einzudämmen. Der Münzwardein hatte das Gewicht der Prägung und den Feingehalt des Hartgelds zu überwachen. Das dürfte ein durchaus lukrativer Posten gewesen sein, denn Hammerschmieds Anwesen umfasste zusammen mit seinen Gärten den gesamten heutigen Block bis hinauf zur Gumpendorfer Straße. Dort, am nördlichen Ende seines Besitzes, wurden bis zum Pogrom 1421 viele Tote der jüdischen Gemeinde begraben. Nach der Ermordung und Vertreibung der Wiener Juden ist der Friedhof wohl verfallen. Im Laufe der Jahrhunderte fanden sich bei Erdarbeiten im-

mer wieder Grabsteine mit hebräischen Inschriften und Skelette der hier Bestatteten.
Während beider Türkenbelagerungen ist es in dieser Gegend zu Massakern gekommen. Wer nicht rechtzeitig flüchten konnte, wurde niedergemetzelt oder in die Sklaverei getrieben. Auf alten Plänen ist zur Zeit der ersten Belagerung 1529 bereits ein »Ödes Haus« an dieser Stelle verzeichnet. Dass es, inmitten der Weingärten gelegen, auch über einen Keller verfügte, ist wahrscheinlich. 1683, zur zweiten Belagerung Wiens, hatte der Bau von Hammerschmied sicherlich, wie alle Anwesen der Begüterten, ausgedehnte unterirdische Gewölbe. Hat eine Schar von Bediensteten oder Bauern der Umgebung dort vergeblich Schutz vor den Tataren gesucht? Nichts davon ist überliefert. Wie viele Menschen aus dem Umland Wiens damals den türkischen Vorhuten zum Opfer fielen, hat niemand gezählt. Zu alltäglich waren die Massenmorde in jener Zeit. Erwähnt wird in den alten Chroniken lediglich, dass ganz Gumpendorf samt Pfarrkirche geplündert und niedergebrannt wurde. Es gilt als wahrscheinlich, dass auch das Gut von Hammerschmied die zweite Belagerung nicht überstand. Nach dem Ende der Gefahr dürfte es allerdings rasch wieder errichtet worden sein.
Massaker während der Türkenbelagerungen also und ein alter Judenfriedhof? Aber Genaueres findet sich weder in den Chroniken noch kann uns der Archivar mehr erzählen.

Ort: *Kaiserwalzer Bräu*, Esterházygasse 9
Zeit: Juni 2003, zu vorgerückter Stunde
»Heißt das, ihr haltet Leute, die Übersinnliches wahrnehmen, nicht für verrückt?« Arthur hat unsere Unterhaltung mit seinem Geschäftspartner Thomas bis jetzt schweigend verfolgt. Gerade haben wir über unser Buchprojekt gesprochen und wie mühsam und zeitintensiv es sei, in Wien Gespenstergeschichten zusammenzutragen.
»Hier spukt es nämlich ganz ordentlich. Ich selbst hab schon mehrmals eine Weiße Frau gesehen.«
Eine merkwürdige Fügung – das *Kaiserwalzer Bräu* steht nämlich ebenfalls auf dem Grund des einstigen Münzwardein-An-

wesens, gleich um die Ecke des australischen Pubs. Vor zehn Monaten haben wir die Geschichte mit dem seltsamen Keller beiseite gelegt, da es uns nicht gelungen war, weitere interessante Aspekte herauszufinden.

»Ich habe die Erscheinung immer nur aus den Augenwinkeln wahrgenommen«, fährt Arthur fort, »meistens nach der Sperrstunde, wenn ich bereits alleine war. Sie trägt ein langes, weißes Kleid aus einer vergangenen Epoche. Die ganze Gestalt ist irgendwie durchscheinend und man kann keine Füße erkennen. Daher weiß ich nicht, ob sie jetzt geht oder schwebt. Jedenfalls hat sie langes Haar und wirkt insgesamt recht jung. Und sie huscht immer völlig lautlos von den Toiletten kommend Richtung Büro.« Arthur weist auf die Galerie am Ende der langgestreckten Schank. »Hier soll es früher riesige Gewölbe gegeben haben, Weinkeller und Verbindungsgänge. Die wurden aber großteils schon vor langer Zeit zugeschüttet.«

Wir schauen Thomas fragend an.

»Ich hab sie noch nie gesehen. Vielleicht liegt es daran, dass ich nicht so wirklich an Gespenster glaube. Arthur ist der Sensitive von uns beiden. Aber wenn ich spät nachts hier alleine bin, ist mir auch oft mulmig zumute. Wenn ich dann im Büro sitze, höre ich manchmal seltsame Geräusche. Es klingt wie gedämpfte Schritte, vor allem aus Richtung der Kaiserloge. Und das, obwohl außer mir sicher niemand mehr anwesend ist. Ein, zwei Mal schaut man nach und beim dritten Mal bleibt man dann sitzen. Es kann ja auch gut sein, dass sich nur das Holz bewegt.«

Holz gibt es in dem riesigen Lokal eine ganze Menge und es wirkt tatsächlich wie ein Ort, wo sich Gespenster wohl fühlen könnten. »Dorotheum mit Ausschank« soll es ein Stammgast einmal genannt haben, obwohl dieses Bonmot nicht unbedingt trifft. Der Wiener Historismus des späten 19. Jahrhunderts hat hier in der Einrichtung überlebt: Hölzerne, reich verzierte Wandvertäfelungen, ein prächtiger Spiegelschrank und die erwähnte Kaiserloge stammen, wie so vieles hier, aus dem Nachlass des k. u. k. Hofkunsttischlers Bernhard Ludwig. »Das ganze *Kaiserwalzer Bräu* war Teil seiner Möbelfabrik«, erklärt Thomas. »Hier im Innenbereich war früher das Sägewerk untergebracht, in unserem Gastgarten das Holzlager. Die gesamte Einrichtung hat Geschichte. Die Kaiserloge etwa wurde ursprünglich als Muster für das k. u. k. Hoftheater gefertigt und dieser Stuhl dort für das rumänische Königshaus.«

Wir erkundigen uns, ob noch andere etwas gesehen haben. Arthur überlegt einen Moment lang: »Ja, ein ehemaliger Koch von uns fällt mir dazu ein. Der stand einmal am Pissoir und hörte plötzlich, wie jemand im WC runterspült. Er dachte zuerst, ich sei das, weil außer uns war ja niemand mehr anwesend. Als er rausgeht, sieht er aber, dass ich unten sitze. Dann ist er noch mal zurück um nachzuschauen, wer da eigentlich drinnen ist – es war keiner da. Einen Hinterausgang gibt es nicht. Wäre tatsächlich ein später Gast etwa auf der Toilette eingeschlafen – er hätte wieder im Schankraum erscheinen müssen.«

Eine Bekannte von ihm, eine Sensitive, erzählt Arthur weiter, habe die Anwesenheit mehrerer unsichtbarer *Gäste* hier bestätigt, insbesondere einer Frau oben auf der Galerie. Und sie habe ihm einen Tipp gegeben, wie er herausfinden könne, *wer* hier umgeht:

»Sie meinte, ich solle *Wie heißt du?* auf ein Blatt Papier schreiben und dieses samt Bleistift über Nacht auf dem Tisch der Kaiserloge hinterlassen. Es hat aber nicht funktioniert, weil ich hab das nur ein paar Mal gemacht. Sie aber meinte, um Erfolg zu haben, müsste ich so richtig hartnäckig und lästig sein.«

Manchmal beschleiche ihn ein sehr mulmiges Gefühl, nachts, nach der Sperrstunde, allein im Lokal. Er freue sich dann immer, wenn sein Stamm-Taxifahrer endlich auftauche, um ihm noch Gesellschaft zu leisten, ehe er ihn schließlich nach Hause bringe. Wer den Taxler kennt, weiß, dass der ehemalige Seebär mit seinen ausführlichen Reiseberichten und dem lauten Wiener Organ wohl in der Lage wäre, auch den hartnäckigsten Geist binnen kürzester Zeit zu vertreiben.

Ort: *Bernhard-Ludwig-Archiv*, Münzwardeingasse 2
Zeit: Juli 2003; früher Nachmittag

»Also, was wollen Sie da genau schreiben?« Bernhard Hanreich scheint zunächst etwas skeptisch. Er ist Eigentümer der gesamten Häuserzeile auf dem ehemaligen Münzwardein-Anwesen. Seit nunmehr vier Generationen befindet sich der Gebäudekomplex im Familienbesitz. Sein Urgroßvater, Bernhard Ludwig der Ältere, errichtete hier 1877 eine bald darauf weltbekannte Möbelfabrik und 1891 ein großes Wohnhaus für sich und seine Familie.

Besser nicht um den heißen Brei herumreden! Also sagen wir ihm direkt, dass auf seinem Besitz Geister umgehen sollen. Herr Hanreich lacht. So wie den grau melierten Mittfünfziger stellt man sich gemeinhin wohl einen britischen *Sir* vor. Dieser Mann glaubt ganz bestimmt nicht an derartige Geschichten. Oder doch?

»Also, ich persönlich habe noch nie ein Gespenst gesehen, aber das soll jeder halten, wie er will. Historisches Material über das Gebäude gibt es jedenfalls genug. Diese Sammlung hier umfasst nicht nur das ehemalige Firmenarchiv, sondern auch alles, was im Laufe der Jahre über die Familie, die Firma und den Wiener Historismus publiziert wurde. Viele Dokumente sind nicht einmal ausgewertet. Hier liegt wohl noch Material für ein Dutzend Dissertationen. Aber mal sehen, ob sich was Interessantes für Sie finden lässt ...« Wir sind erleichtert. Herr Hanreich ist vielleicht kein Sensitiver, wohl aber ein Toleranter.

Bernhard Ludwig, sein Urgroßvater, machte während der Gründerzeit eine erstaunliche Karriere: Vom mittellos aus Sachsen eingewanderten Tischlergesellen brachte er es zum berühmten Möbelfabrikanten. Neben dem österreichischen Kaiserhof belieferte er auch weitere europäische Herrscherhäuser und stattete die öffentlichen und privaten Prunkbauten der Ringstraße aus – herrschaftliche Palais, Parlament, Rathaus und Burgtheater.

»Mehr als 100 Arbeiter waren damals hier beschäftigt«, erzählt Herr Hanreich, während er in Papieren blättert. »Die Möbel wurden bis in die USA exportiert. Das Wohnhaus Bernhard Ludwigs an der Ecke zur Hofmühlgasse, gleich nebenan, ist weitgehend original eingerichtet und heute ein historistisches Denkmal. Das war auch schon Drehort für die Verfilmung einer Schnitzler-Novelle. Das lang gestreckte Haus, in dem wir uns

jetzt befinden, enthielt die Repräsentationsräume und die Mustersammlung der Fabrik. Neben dem Archiv ist hier auch der *Verein der Freunde des Historismus* untergebracht und auf der gegenüberliegenden Seite das *Down Under* …
Ah, hier haben wir ja etwas – Geister gab es hier offenbar sehr wohl, sogar überaus fidele, wie hier steht.«
Er reicht uns einen Zeitungsartikel: »Geheimnisse um das unterirdische Gumpendorf« lautet der Titel – eine Seite aus dem Feuilleton des *Neuen Österreich* von 1957. Wo heute im *Snakepit* des *Down Under* Livemusik und Partys stattfinden, wurde schon zur Zeit Bernhard Ludwigs ausgiebig gefeiert. Der Keller war das Privatissimum des Fabrikanten und später, bis in die zwanziger Jahre, das seines Sohnes gleichen Namens. Beide waren nicht nur kreative Industrielle, sondern auch Mäzene, die einen Kreis von Künstlern um sich scharten. Unter jenen, die zusammen mit den Fabrikanten in diesem Gewölbe dem Wein zusprachen, fanden sich Namen wie Clemens Holzmeister, der Maler Alfred Gerstenbrand, Alexander Lernet-Holenia sowie Paul und Attila Hörbiger.
»Das waren alles große Geister«, lacht Herr Hanreich, »wenn auch nicht gerade solche, wie Sie sie suchen«.
Aber wer weiß, vielleicht feiern sie heute noch. Der Gedanke an geistreiche Bohemiens wirkt zweifellos sympathischer als jener an die Opfer türkischer Massaker.
»Bevor es das *Down Under* gab, habe ich selbst dort unten ein Lokal namens *Antiquitätenkeller* betrieben. Ein Restaurant und eine Bar, eingerichtet mit Exponaten aus dem Bestand der Möbelfabrik, die erst Anfang der siebziger Jahre endgültig still gelegt wurde. Später dann, 1983, habe ich dieses Lokal verpachtet und das *Kaiserwalzer* ums Eck eröffnet. Aus dem Original-Mobiliar meines Urgroßvaters stammt noch einiges dort. Einen alten Spiegelkasten etwa habe ich unter einem Berg von Schutt gefunden und ihn restaurieren lassen. Heute steht er im Lokal. Aber irgendetwas mit Geisterspuk gab es auch in meiner Familie, lassen Sie mich überlegen … Ja, mein Urgroßvater ist hier im Haus jemandem erschienen. Er saß im Lehnstuhl und trug Schlafrock und Zipfelmütze. Ich schätze, das muss irgendwann

in der Zwischenkriegszeit gewesen sein. Aber ich weiß leider nicht mehr, wer mir diese Geschichte erzählt hat.«

Ort: *Kaiserwalzer Bräu*, an der Bar
Zeit: August 2003, nach der Sperrstunde

»Wirklich ein verdammt heißer Tag heute und obendrein war unheimlich viel Betrieb!« Arthur wischt sich den Schweiß von der Stirn. »Aber gut, dass ihr hier seid, es ist nämlich wieder was passiert. Also, das war so: Ich stand so wie jetzt hinter der Schank und der Koch saß davor, so wie ihr nun. Aus eurer Perspektive könnt ihr direkt in den Spiegel des alten Schranks bei der Kaiserloge sehen, ich von meiner Warte aus nicht. Der Koch saß also vor der Bar, schaute zuerst in den Spiegel und dann wieder auf mich. Plötzlich wird er kreidebleich. Ich hab natürlich gefragt, was denn los sei, und zunächst meinte er, er habe gar nichts. Einen Moment bitte, ich komme gleich wieder.« Arthur kassiert von den letzten Gästen, die sich gleich darauf verabschieden. Aus unserer Perspektive blicken wir tatsächlich direkt zum Prunkstück, welches Herr Hanreich vor der Müllhalde gerettet hat. Der große Spiegelkasten würde sicherlich das Herz jedes Antiquitätenhändlers höher schlagen lassen.

»Wo waren wir? Aja, der Koch. Er sagte: ›Chef, ich hab geglaubt, ich sehe Sie im Spiegel. Aber Sie tragen ja gar keine Krawatte.‹ Ich stand hier hinter der Schank, und wie ihr euch überzeugen könnt, ginge sich das vom Winkel her sowieso nicht aus, dass der mich im Spiegel sieht.« Und wer war nun der Krawattenträger im Spiegel?

»Das ist dieser *Schwarze*, wie ich ihn nenne, dunkel angezogen. Der wandert immer im Bereich der Kaiserloge herum. Es ist schon hin und wieder nächtens vorgekommen, dass der zum Poltern anfängt. Ein Klopfen, das zwar aus dieser Richtung zu kommen scheint, sich aber trotzdem nicht genau lokalisieren lässt. Ich sag ihm dann, er soll damit aufhören, und das funktioniert für gewöhnlich. Stammgäste erzählten auch schon, sie hätten ihn wahrgenommen, vom Gastgarten Richtung Eingang gehend. Dann sei aber keiner reingekommen.«

Wir wollen die Gelegenheit nützen, vielleicht endlich selbst einen Geist zu sehen. Arthur hat auch eine Idee: »Wir setzen uns alle an den Tisch im linken Erker. Dann können wir den gesamten Bereich überblicken – den Schankraum und die Kaiserloge. Ich dreh nur schnell alle Lichter ab, servier die Getränke und bring uns eine Kerze an den Tisch.« Gesagt, getan.

Ob wir wohl Glück haben werden? Unheimlich ist die Atmosphäre allerdings. Die Kerze, einzige Lichtquelle im riesigen Raum, wirft bizarre Schatten an die Wände. Hier und da ist ein Knacken zu hören. »Das Holz arbeitet«, flüstert Arthur.

Plötzlich ist deutlich knirschender Kies aus dem Gastgarten zu hören – Schritte nähern sich dem Eingang. Gebannt halten alle den Atem an. Jemand öffnet die Tür.

Ein zufälliger Gast, der sich einem unbeleuchteten Lokal nähert, lange nach der Sperrstunde? Unwahrscheinlich!

»Ihr habt es herausgefordert, so deutlich war's noch nie«, wispert Arthur. Im Dunkeln vor der Schank erscheint *der Schwarze* – eine kompakte, finstere Masse, die Umrisse verschmelzen mit der Umgebung; nur dort, wo man das Gesicht vermutet, ein heller Fleck, totenbleich.

Gespenster gibt es also wirklich! Spukgeschichten, die man uns erzählte, haben wir akzeptiert – als Erlebnisse von Menschen, die eben feinfühliger sind als unsereiner. Aber das hier … und wie redet man ein Gespenst überhaupt an, wenn es leibhaftig vor einem steht?

Doch das besorgt *der Schwarze* schon selbst: »Ahoi, hab kein Licht g'sehn und im ersten Moment schon g'laubt, ihr wärts Geister. So was soll's ja geben.«

Gerhard, der Taxler, setzt sich an den Tisch und beginnt zu erzählen.

Von Freetown, Westafrika, 1974, als er für eine Hamburger Reederei die See befuhr – ein Hafenerlebnis, das ihn an diese Situation erinnere. An Einzelheiten erinnern *wir* uns aber nicht mehr. Mit seinen Geschichten hat er die wirklichen Gespenster allerdings vertrieben. Zumindest in jener Nacht.

My Home is your Castle

Mid pleasures and palaces though we may roam,
Be it ever so humble there's no place like home!
A charm from the skies seems to hallow us there,
Which, seek through the world, is ne'er met with elsewhere.
Home! Home! Sweet, sweet home!
There's no place like home!
There's no place like home!

(John Howard Payne)

»Es war im Jänner 2001, wir lebten erst kurze Zeit in dieser Wohnung, da fehlten plötzlich meine Tanzschuhe. Ich habe verzweifelt nach ihnen gesucht, konnte sie aber nicht finden. Normalerweise standen sie immer am selben Platz, zusammen mit all meinen anderen Schuhen. Und das Paar von Werner, meinem Mann, war ebenfalls weg. Er hatte sie gerade erst gekauft, weil wir gemeinsam einen Kurs für Schottischen Tanz besuchen wollten. Die ganze Wohnung haben wir damals auf den Kopf gestellt, aber die Schuhe blieben verschwunden. In dieser Zeit haben wir ständig seine Präsenz gespürt und ihn allmählich auch kennen gelernt. Sein Name ist Robert, er ist kaum größer als 1,65 Meter. Wie ein etwas zu rasch in die Höhe geschossenes Kind sieht er aus, nicht wie ein Erwachsener. Dabei ist er athletisch gebaut, wirkt aber dennoch irgendwie zart.«

Wenn Karen von ihrem Mitbewohner spricht, klingt es, als rede sie von einem guten Bekannten, einem Lausbuben, der ihr manchmal kindische Streiche spielt. Wir wissen aber mittlerweile, Robert ist eines ihrer Hausgespenster.

Entspannt sitzen wir auf Karens knallroter Wohnzimmercouch und trinken, ganz der britischen Tradition entsprechend, Tee mit Milch. Mit der deutschen Sprache hat sie noch einige Schwierigkeiten, aber die Britin spricht ein schönes, klares Englisch, etwas schnell bisweilen, doch im Allgemeinen auch für weniger Geübte gut verständlich.

Karen ist Ende dreißig, resolut und selbstbewusst. Eine Person, die weiß, was sie will, und die mit beiden Beinen im Leben steht. Seit sie vor einigen Jahren Werner, einen Österreicher, geheiratet hat, lebt die rothaarige Frau mit dem fröhlichen Naturell im 5. Wiener Bezirk. Gemeinsam leitet das Ehepaar den Wiener Zweig der »Pagan Federation International«, einen Bund zur Pflege heidnischer Bräuche. Das Wort »Heide« hat für die Mitglieder keinen negativen Klang, sie gebrauchen es bewusst und sind stolz darauf. Sie suchen ihre Wurzeln in alten, vorchristlichen Naturreligionen, glauben an das Göttliche in allen Lebewesen, empfinden Liebe und Ehrfurcht für die Natur, kennen keine wertenden Unterschiede zwischen den Geschlechtern und versuchen nach dem Prinzip »Tue was du willst, solange es niemand anderem schadet« ihren eigenen spirituellen Weg in einer beseelten Natur zu finden. Karen selbst interessiert sich besonders für altes, heute weitgehend verloren gegangenes Wissen über Heilkunde.

Die Engländerin ist überzeugt, dass sich die Natur in einem ewigen Kreislauf von Leben und Tod immer wieder erneuert. Daher sind auch Geister und Gespenster für sie selbstverständlich ein Thema. Gegenüber Spuk hat sie nicht nur keine Berührungsängste, sondern ist dank ihrer Herkunft und Erfahrung sehr vertraut mit derartigen Phänomenen. »In meiner Heimat sind die Menschen stolz auf ihre Gespenster. Diese gehören auf den Britischen Inseln zu jedem Haus, in dem Wert auf Tradition gelegt wird. In Österreich hingegen geht man damit leider völlig anders um. Dinge, die hier nicht verstanden werden oder die wissenschaftlich nicht beweisbar sind, pflegt man meist totzuschweigen oder zu verdrängen. Die Menschen haben oft Angst, für verrückt erklärt zu werden, wenn sie irgendjemandem von derartigen Erfahrungen erzählen. Warum das so ist, weiß ich auch nicht, wahrscheinlich hat es traditionelle Gründe.«

Wie auch immer, Werner hat seine Schuhe irgendwann wieder gefunden, Karen musste sich hingegen ein neues Paar kaufen. Hausgeist Roberts Affinität für Tanzschuhe lässt sich einfach erklären: »Wir haben damals begonnen nachzuforschen, wer vor uns in dieser Wohnung gelebt hat. Es stellte sich heraus, dass dies ein Balletttänzer der Staatsoper namens Robert war.«

Karen ist eine klassische Sensitive, eine Eigenschaft, die sie mit ihrem Mann teilt. Auch Werner ist in der Lage, mehr zu sehen als gewöhnliche Menschen. Eine bedingte Art von Kommunikation mit Verstorbenen zählt ebenfalls zu ihren Talenten.

»Es ist nicht so, dass diese Wesen völlig präsent vor einem stehen. Robert zum Beispiel hält sich vorwiegend im Flur auf oder lugt hinter der offenen Schlafzimmertüre hervor. Schaue ich nun in diese Richtung, nehme ich ihn als eine Bewegung im Augenwinkel wahr, wenn er herumwandert. Und obendrein weiß ich es ganz einfach, wenn etwas um mich ist, ich spüre es dann. Versuche ich hingegen ihn anzustarren, bleibt er für mich unsichtbar, blicke ich aber in seine Richtung und denke an etwas anderes, nimmt ihn mein Unterbewusstsein wahr. Mit der Zeit bekommt man ein Bild von ihm, wie groß er ist, wie alt er scheint. Robert zeigt sich heute so, wie er als Mensch wohl in seinen frühen Vierzigern ausgesehen hat. Das heißt aber nicht unbedingt, dass er zur Zeit seines Todes in diesem Alter war. «

Karen hat sich nie mit Roberts Vergangenheit befasst. Obwohl sie in der Lage sei, ihm solche Fragen zu stellen, habe sie dies bisher noch nicht getan.

»Er lebt einfach hier mit uns und ist willkommen. Scheinbar hat er nicht das Bedürfnis, uns etwas von sich mitzuteilen.«

Wir wollen mehr über die Beziehung der beiden wissen. Gibt ihr der Geist Ratschläge, bezieht ihn Karen ein, wenn sie Entscheidungen treffen muss oder Probleme hat?

»Ich habe ihn nie gefragt. Ich würde einen Geist nie um Hilfe bitten, weil er es ja auch nicht besser weiß als ich. Diese Wesen sind nicht allwissend, sie können nicht alles sehen und sie haben keine Superkräfte. Sie besitzen die Art von geistigen Fähigkeiten wie wir Menschen. Der einzige Geist, den ich je um seine Meinung bat, war mein Vater. Aber schon zu seinen Lebzeiten war er jemand, auf dessen Rat ich Wert gelegt habe.«

Wir fragen, woher Karen den Namen ihres tanzenden Geistes kennt? Hat er sich ihr vorgestellt?

»Ich habe keine Stimme in meinem Ohr vernommen, die gesagt

hat: ›Mein Name ist Robert‹, ich habe es aber irgendwann gewusst, habe seine Schwingung gespürt, und es war in meinem Kopf. Das ist eine schwer zu beschreibende Form von Kommunikation, nennen wir es Telepathie.«

Menschen, die Kontakt mit Seelen aus dem Jenseits aufnehmen können, stehen häufig vor dem Problem, ihre Erlebnisse uns Nichtsensitiven verständlich zu machen. Manche Dinge, die für sie völlig klar und selbstverständlich sind, können andere, die solche Fähigkeiten nicht besitzen, nur schwer nachvollziehen.

Mit Wendy verhält es sich ähnlich. Die hat Karen aus ihrer alten Heimat England mitgebracht.

»Sie sagte stets, Wendy tue dieses und jenes. Also wusste ich, wie sie heißt. Sie war mein Hausgeist und lebte auf dem Dachboden, war sehr schüchtern, ruhig und ängstlich. Sie zeigt sich in ihren Dreißigern, dunkelhaarig, ist ebenfalls kein alter Geist und wie Robert wohl irgendwann im 20. Jahrhundert gestorben. Als mich Werner einmal besuchte, kam sie die Stufen herab und schaute vorsichtig um die Ecke. Werner fragte freundlich: ›Vielleicht ein Glas Wein?‹«

Karen muss lachen. Auch in England freundete sie sich schnell mit ihrem Gespenst an. Allerdings zog sie bald darauf nach Österreich und ließ Wendy mit neuen menschlichen Bewohnern zurück.

»Als wir nach längerer Zeit wieder einmal nach Südengland fuhren, bemerkten wir eine sehr gereizte und geladene Atmosphäre im Haus. Wendy machte uns Vorwürfe, weil wir sie alleine gelassen hatten.« Nachdem Karen keine Lust auf einen beleidigten Geist hatte, entschieden sie einfach, Wendy mitzunehmen. Sie erklärt uns, dass man zu diesem Zweck am besten ein Stück jenes Gebäudes mitnehmen müsse, in dem der Geist lebt. »Wir entschieden uns für einen Ziegelstein. Wenn ein Geist mit dir kommen will, macht er das zwar auf jeden Fall. Aber wenn du etwas von seiner physischen Welt mitnimmst, einen Teil aus seiner Umgebung, dann fällt es dieser Seele leichter, dich zu begleiten.«

Also ist auch Wendy in die Wiener Wohnung mit eingezogen. Am Anfang hatte Robert so seine Probleme mit ihr. Über drei

Monate hindurch machten die beiden ständig Krach. Sie warfen Dinge um und schlugen Türen auf und zu. Irgendwann aber hatten sie sich wohl aneinander gewöhnt und wurden ruhiger. Seitdem genießen sie die Gesellschaft des jeweils anderen. Geräusche machen sie noch immer, manchmal sind Schritte zu hören. Wenn sie das irdische Paar zu sehr nerven, vertreiben Karen und Werner sie aus dem Zimmer. »Wenigstens spielen sie nicht mit dem Licht«, seufzt Karen. »In England hatte ich mal einen, der es ständig ein- und ausschaltete. Überall im Haus gingen dauernd die Lampen an. Die beiden hier machen das nicht, sie huschen nur herum und machen Geräusche.«
Manchmal herrscht aber auch für ein oder zwei Wochen vollständige Ruhe. »Bis man wieder irgendwoher einen Knall hört. Sie balgen herum und schlagen Türen zu. Vor allem mögen sie es nicht, wenn wir wegfahren. Wir scheinen für sie so eine Art Entertainment zu sein.« Wieder erfüllt Karens herzliches Lachen den Raum. Das Ehepaar warnt Wendy und Robert vor, wenn es beabsichtigt, Wien für längere Zeit zu verlassen. Die beiden Gespenster langweilen sich nämlich ohne menschliche Gesellschaft. Also erwarten sie von ihren Gastgebern im Diesseits zumindest eine Rechtfertigung oder Erklärung für deren Abwesenheit.
Inzwischen will auch Robert nicht mehr ohne seine Nachmieter sein. Am Anfang schien er etwas irritiert, als die beiden in »seine« Wohnung eindrangen.
»Generell sind Geister aber glücklich über deine Anwesenheit, wenn sie dich erst einmal akzeptiert haben. Und heute sind sie für uns schon ein Teil der Familie. Manchmal lassen wir für sie ein Glas Wein auf dem Tisch zurück. Sie nehmen das Getränk natürlich nicht physisch zu sich, sind aber in der Lage, bestimmte Bestandteile daraus zu absorbieren. Kostet man danach von einem solchen Wein, schmeckt er nicht einfach nur abgestanden, sondern völlig schal. Er hat dann überhaupt keinen Geschmack mehr.
Ich mag es einfach, wenn die beiden hier sind. Es ist irgendwie heimeliger und viel lebendiger. Sie wissen auch ganz genau, dass ich sie jederzeit bannen und verscheuchen könnte, würden sie

sich zu schlecht benehmen. Im Allgemeinen verstehen wir uns daher alle recht gut und finden es gemütlich, so wie es ist.«
Robert und Wendy verbreiten zumeist eine positive Stimmung. In Karens Haus gibt es aber nicht nur zufriedene Geister. Sie berichtet uns von der kalten und grausigen Atmosphäre im Keller des Wohnblocks. Wenn man Karen kennt, kann man sich nur schwer vorstellen, dass sie vor etwas Angst empfindet.
»Meinem Mann ist er zuerst aufgefallen. Immer wenn Werner nach unten ging, spürte er, dass jemand hinter ihm stand. Er fühlte dann negative Energie. Ich selbst gehe nicht gerne in diesen Keller, es ist sehr unangenehm.«
Doch Karens Neugierde war geweckt und sie stellte Nachforschungen an. »Im Laufe der Zeit erreichten uns Bruchstücke seiner Geschichte, meist nur Bilder im Geist.« Das Ehepaar versuchte, mit dem Wesen Kontakt aufzunehmen. Im vergangenen Jahr gelang es ihm, ein paar Details zusammenzufügen.
»Offenbar handelt es sich um einen Juden, der sich einst in diesem Keller versteckt hielt. Wahrscheinlich war es vor oder während des Zweiten Weltkriegs. Er wurde lebendig verbrannt. Aber nicht von Deutschen, sondern von Wienern, vielleicht waren es sogar seine Nachbarn. Er ist immer noch furchtbar verärgert und durcheinander, leidet schreckliche Qualen. Werner hat es geschafft, ihn etwas zu beruhigen, indem er ihm vermittelte: ›Okay, wir verstehen, warum du hier bist, und akzeptieren deine Anwesenheit.‹ Heute ist er nicht mehr völlig außer Rand und Band, nicht mehr ganz so verzweifelt. Er braucht scheinbar jemanden, der ihm zuhört.«
Wir bitten sie, uns den Keller zu zeigen. Karen holt ihren Schlüsselbund und wir fahren mit dem Lift nach unten. Der Keller ist ein großer Raum, kalt und absolut leer. Von draußen dringt der Lärm des vorbeiziehenden Verkehrs herein. Irgendwo in der Nähe muss, den Geräuschen nach, auch eine Baustelle sein. Die Fenster sind zum Teil eingeschlagen, durch die Löcher pfeift eiskalter Wind.
»Wir wollen hier bald ein Ritual veranstalten und versuchen, diesem Geist zu helfen. Mal sehen, vielleicht kann er diesen Platz verlassen und woanders hingehen, auf eine höhere Ebene.

Oder seine Wut lässt zumindest etwas nach.« Sie senkt ihre Stimme, tritt von einem Fuß auf den anderen, fühlt sich hier sichtlich nicht wohl. Auch wir wollen nicht länger bleiben.
Karen und Werner haben sich vorgenommen, wenn möglich etwas über den historischen Hintergrund zu erfahren. Vielleicht ist in irgendeinem Wiener Archiv dokumentiert, was damals in diesem Keller geschehen ist. Sie wollen wissen, wie dieser Mann gestorben ist, was sich damals genau ereignet hat.
Zurück im Wohnzimmer sprechen wir wieder über ihre Hausgeister. Die sind ein angenehmeres Thema für Karen. Wie viele jenseitige Wesen tummeln sich eigentlich hier?
»Nur die zwei. Und die Katze, ja natürlich, wie konnte ich sie nur vergessen? Sechs Jahre lang hatte ich in England eine Perserkatze mit bernsteinfarbenen Augen. Ihr Name war Morgan und sie stammte ursprünglich aus Saudi-Arabien. Nach ihrem Tod hat sie mich, genau wie Wendy, nach Wien begleitet. Für sie haben wir einen Dachschiefer mitgenommen.«
Wie die meisten Katzenfreunde hat die Britin das Bedürfnis, uns auch Fotos von ihrer alten Freundin zu zeigen. Sie holt eine Kartonschachtel, wühlt darin herum, und bald darauf betrachten wir Bilder ihres englischen Hauses und einer prächtigen grauen Perserkatze mit hellen Augen. Morgan soll sich häufig blicken lassen. Gäste, die bei dem Ehepaar übernachteten, erzählten am nächsten Morgen von einer Katze, die auf ihrem Bett gelegen habe. Sie waren verwundert, weil in der Wohnung ja gar keine Katze lebe. Oder etwa doch?
»Geht es dir nicht gut?«, fragt Karen plötzlich eine von uns. Die Angesprochene erzählt, ihre linke Körperhälfte fühle sich seit einiger Zeit eiskalt an, während sie rechts normale, angenehme Wärme empfinde.
»Dann ist Morgan gerade hier. Habe ich nicht erwähnt, dass man die Anwesenheit von Geistern meistens durch die Kälte bemerkt, die sie ausstrahlen? Das hier ist nämlich Morgans Lieblingsplatz.« Karen deutet auf den linken Rand der Couch, direkt neben unserer Kollegin.
Diese, nach eigenen Angaben ein »unsensibles Geschöpf« und auch lebenden Katzen nicht besonders zugetan, scheint irritiert,

steht auf und geht ein paar Schritte im Raum auf und ab. Nach kurzer Zeit meint sie, ihre Körpertemperatur sei jetzt wieder normal, es handle sich offenbar um Durchblutungsstörungen.
Sie nimmt wieder Platz, klagt aber sofort wieder über Kälte an ihrer linken Seite. Schnell vergewissern wir uns, ob wirklich alle Fenster fest verschlossen sind. Das ist der Fall. Ob sonst noch jemand einen Luftzug spüre oder einen Temperaturunterschied wahrnehme? Alle schütteln die Köpfe. Daraufhin mahnt sie kurz entschlossen zum Aufbruch, es sei schließlich schon spät geworden und wir hätten uns wohl verplaudert …
Zum Abschied schenkt uns Karen noch ein wissendes Lächeln.

Hebbels Winterreise

Ich blicke hinab in die Gasse, dort drüben hat sie gewohnt.
Das öde, verlassene Fenster, wie hell bescheint es der Mond.
Es gibt so viel zu beleuchten, oh holde Strahlen des Lichts,
was webt ihr denn so gespenstisch um jene Stätte des Nichts?

(»Spuk«, Friedrich Hebbel)

Wien im Dezember, 1845
Mit müden, schleppenden Schritten stapft eine hungrige Jammergestalt durch den nebligen Wintermorgen. Der abgewetzte, viel zu große Gehrock sitzt schlecht auf dem hageren Körper. Das schüttere, weißblonde Haar über der blassen Leidensmiene wirkt ungepflegt und der hartnäckige Husten lässt sich nicht kurieren. Friedrich Hebbel ist am Ende.
Einen Monat ist er nun schon in Wien, aber auch hier, das fühlt er deutlich, hat er nichts verloren, er muss weiter. Das Geld reicht gerade noch für die Fahrt nach Berlin. Alles ist bereit für den Aufbruch – das bisschen Habe gepackt, das kalte Zimmer in der Josefstadt gekündigt. Die Heizkosten hat er sich sowieso nicht leisten können.

Wenn es ihm nun auch in Berlin nicht gelingt, sich endlich eine Existenz aufzubauen, dann ... ja, es ist nicht das erste Mal, dass Hebbel an Selbstmord denkt. Andere leben im Alter von 32 in geordneten Verhältnissen, haben Frau und Kinder, gehen einer geregelten Arbeit nach.

Hebbel, Sohn eines Taglöhners aus dem Kaff Wesselburen in Holstein, hat früh den Vater und längst auch schon die Mutter verloren. In jungen Jahren musste er sich als Laufbursche und Schreiber durchschlagen, dabei jahrelang mit dem blatternarbigen Kutscher seines Dienstherrn das Bett teilen. Zwar sind die Demütigungen seiner Kindheit abgeschüttelt und er kann bereits auf erste Erfolge als Schriftsteller verweisen, seit in Berlin sein Drama *Judith* gedruckt und inszeniert worden ist. Aber die ersehnte Stelle mit gesicherten Einkünften, die Professur für Ästhetik an der Universität Kiel, ist ihm versagt geblieben. Sein König, Christian VIII. von Dänemark, damals noch Herr über Schleswig-Holstein, hat sie ihm verweigert. Stattdessen wurde ihm ein Reisestipendium gewährt. Auf zwei Jahre berechnet hat ihn dieses bisher durch Frankreich und Italien geführt. Jetzt aber sind die 600 Taler aufgebraucht. Per Schiff ist er vor wenigen Wochen nach Triest gekommen. Wien wurde die nächste Station, der Empfang ein kühler: *Im Sommer* mag ja diese *schöne und imposante Stadt mit Italien wetteifern*, aber an diesem Novembermorgen – *Ein eiskalter Wind blies mich an, Regentropfen fielen, mich fröstelte, und auch meine Seele begann zu schaudern.*

Nun, einen Monat später, steht Hebbel am Abgrund. Ohne Hoffnung, mit drückenden Schulden, einsam geblieben in der fremden Stadt, stapft er durch die Straßen, auf dem Weg zur Post, um sich das Billett für die Weiterfahrt zu besorgen. Berlin ist seine letzte Hoffnung, aber so recht will er nicht mehr daran glauben.

Und an diesem grauen Morgen ereignet sich, was später als das *Wunder von Wien* in die Literaturgeschichte eingehen wird: Plötzlich spricht ihn ein polnischer Herr auf offener Straße an. Hebbel erkennt ihn wieder, hat seine Bekanntschaft auf der Überfahrt nach Triest gemacht. Der Pole, erfreut ihn zu sehen, teilt ihm mit, zwei Barone aus Galizien, hoch gebildet und von beträchlichem Reichtum, seien im vornehmen Hotel *Erzherzog Carl* abgestiegen. Sie zählten zu Hebbels glühenden Verehrern. Seit der Lektüre seiner Erstlingswerke wünschten sie nichts sehnlicher, als deren Verfasser persönlich kennen zu lernen.

Kurz entschlossen bricht Hebbel sein Vorhaben ab und folgt seinem Bekannten ins Hotel. Die beiden Barone, Cousins, im vorgerückten Alter und Gutsbesitzer im äußersten Nordosten des Kaiserreichs, haben eine gemeinsame Passion: die Literatur. Beide bereits gedruckten Dramen Hebbels kennen sie über weite Strecken auswendig. Ihrem Überraschungsgast bereiten sie daher einen fulminanten Empfang, der diesem *fast peinlich* ist: *Von einem solchen Enthusiasmus*, schreibt der kühle und reservierte Norddeutsche später in einem Brief, *hatte ich noch keine Vorstellung gehabt. Kostbares Essen, Fasane und Rebhühner, Champagner, Toaste, auf den Knien vor mir ausgebracht … Auch die Nacht musste ich dableiben, mein kostbares Leben durfte der Gefahr einer Erkältung nicht ausgesetzt werden, und ich schlief unter einer damastenen Decke mit goldenen Fransen. Mir war, als ob ein Märchen passierte, halb ungereimt, halb tiefsinnig, aber im Ganzen angenehm.*

Nun geht alles recht schnell: Wenige Tage später, zu Weihnachten, staffieren seine Gönner den Dichter neu aus, und von Stund an logiert er Tür an Tür mit den Baronen im hochnoblen *Erzherzog Carl*. Wenige Wochen darauf lernt er eine der ersten Schauspielerinnen Wiens, Christine Enghaus, kennen. Ebenfalls Norddeutsche und bereits mit stattlicher Jahresgage auf Lebenszeit ans Burgtheater verpflichtet, ist es mehr als nur das Theater, was die beiden verbindet, und im kommenden Mai werden sie heiraten. Zudem öffnen sich dem Wahlwiener die Salons, Zeitungen feiern ihn als Ereignis der Saison, die Jugend als *König der Literatur*, für berühmte Kollegen, etwa Grillparzer, *ist es eine Ehre*, mit ihm *zusammenzutreffen*. Kurz, die Stadt umschlingt ihn mit offenen Armen. *Dieses Wunder entschied für mein ganzes Leben.*

Wien im Dezember, 1846
Hebbel schreitet, tief in Gedanken versunken, auf und ab, immer wieder, stundenlang. Er arbeitet am *Trauerspiel in Sizilien*. Laut hallen seine schweren Schritte auf dem Parkett, sind in der ganzen Wohnung zu vernehmen. Nebenan schläft sein vor wenigen Tagen geborener Sohn Emil friedlich in seiner Wiege. *Möge mir bleiben, was ich habe, mehr will ich ... nicht fordern.* Zwei Monate später wird das Kind nicht mehr leben.

Wien im Dezember, 1858
Brütend durchwandert der Dichter seine Schreibstube. Hebbel arbeitet an seinem *Demetrius*, hat soeben den zweiten Akt vollendet und ist zuversichtlich, den Rest des Dramas in einem Zug, *als bloße Tigersprünge, denen ihre Beute gewiss*, bald abzuschließen. In den fünf, ihm verbleibenden Lebensjahren wird ihm das nicht gelingen.
Fast ausschließlich wählt er für die späten Dramen historische Stoffe. Doch tiefe Skepsis gegenüber der Geschichte bleibt ihm zeitlebens erhalten. Er fürchtet, *die Vergangenheit könne die Gegenwart überwältigen und den Weg in die Zukunft versperren – die Geschichte formt sich in allen großen Krisen zur Tragödie.* Die Konsequenz für ihn als Dichter: Er lässt alle Werke in Umbruchzeiten spielen. Selbst lebt er ja auch in einer solchen. 1848 tritt er für Reformen ein, will aber unbedingt die Monarchie erhalten, konstitutionell zumindest. Den Revolutionären zu bürgerlich, den Konservativen zu revolutionär, bleibt er immer Individualist zwischen den Lagern. Auch in der Literatur- und Geistesgeschichte siedelt man ihn heute in einem Zwischenraum an: Nicht mehr Idealist und noch nicht Realist. Sein ewiges Thema ist das tragische Verhältnis zwischen Ich und Welt, Männlichem und Weiblichem, Mythos und Psychologie.
Wien entpuppt sich im Laufe der Jahre doch nicht als Paradies. Seine Dramen sind keine großen Bühnenerfolge und erst das nächste Jahrhundert wird ihn einen der bedeutendsten deutschen Dramatiker nennen.

Wien im Dezember, 1863
Klirrend kalt ist diese Nacht des 13. und ein heftiger Wintersturm tobt über der Stadt. Erst einen Monat ist es her, dass Hebbel für seine *Nibelungen* den Schillerpreis erhalten hat, die Aufführung wird er aber nicht mehr erleben. In dieser Nacht stirbt der Dichter nach langem Leiden in seiner Wohnung, Ecke Liechtensteinstraße/Türkengasse im Alsergrund, einer riesigen Neun-Zimmer-Flucht.
Vor sieben Jahren schon, im Alter von 43, hat er vorgesorgt und sämtliche Anweisungen für seine Beerdigung festgelegt: *Am liebsten wäre es mir, wenn mein Leichnam den Flammen übergeben würde, ... denn von Jugend auf habe ich vor dem Wurm geschaudert*, zu groß ist die Angst, lebendig begraben zu werden. Und: *In jedem Fall keine Todesanzeige, keine Trauerzettel, kein Leichengefolge und keine Rede am Sarg*.
Heute hält die Gemeinde Wien ein Ehrengrab für Hebbel am Zentralfriedhof reserviert, doch er und seine Frau, die ihn um Jahrzehnte überlebte, ruhen beide am evangelischen Matzleinsdorfer Friedhof.

Wien im Dezember, 1974
Schwere Schritte hallen durch die Wohnung, gleichförmig, monoton, aber niemand ist zu sehen. Richard M. kann diese Geräusche nicht ignorieren, hört er sie doch schon seit seiner Kindheit. Auch seine Mutter hat sie erwähnt und vor ihr auch schon die Großeltern. Seit Generationen besitzt seine Familie nun diese Wohnung in der Liechtensteinstraße im 9. Bezirk. Und diese Generationen haben hier auch gewohnt, in einem Teil der ehemaligen Räume des Dichters Friedrich Hebbel, dessen neun Zimmer lange schon aufgeteilt sind. Auch anderen Bewohnern des Hauses sind die unheimlichen monotonen Geräusche vertraut. Sie behaupten, Hebbel komme nicht zur Ruhe, sein Geist wandere immer noch auf und ab und auf und ab.
Richard M. ist Naturwissenschaftler, Chemiker. Kritisch möchte er das Phänomen nun untersuchen, beobachtet über einen längeren Zeitraum hinweg, macht sich Notizen und stellt schließlich fest: Diese Schritte sind völlig unabhängig von Jahres- und

Tageszeit, von Temperatur- und Feuchtigkeitsschwankungen wahrzunehmen. Das Phänomen tritt also unregelmäßig auf, hält unterschiedlich lange an und Richard M. kann es sich nicht erklären.

Seine Frau Evelyn hat sich einmal beinahe zu Tode erschreckt, als sie jemanden im Wohnzimmer gehen hörte, annahm, Richard M. sei früher als erwartet nach Hause gekommen, und dann feststellen musste, dass sie allein in der Wohnung war. Allein? Ja, zu sehen war niemand, aber dennoch – irgendetwas schritt über das Parkett.

Richard M. will nicht an den Geisterspuk eines toten Dichters glauben, aber wer oder was verursacht diese Geräusche? Schließlich wendet er sich Hilfe suchend an Dr. Wilhelm Mantler, Pfarrer in Gars und Experte für paranormale Phänomene.

Mantler besucht daraufhin die Wohnung. Über seine Erkenntnisse berichtet er 1979 in einem Vortrag der *Arbeitsgemeinschaft für Parapsychologie*:

»Ein junger Chemiker erzählte mir, dass er und seine Familie jahrelang in ihrer Wohnung ab und zu schwere Schritte gehört haben, wie von einem Mann, der die ganze Zimmerflucht durchschreitet und auch die eingezogenen Mauern durchwandert. Die früheren Zinsparteien waren ebenso Zeugen dieser Wanderungen gewesen und führten sie auf den Tod des Dichters Hebbel zurück. Andererseits widerspricht es der hohen Geistigkeit eines Hebbel, als Gespenst 100 Jahre in geistloser Monotonie durch die Zimmerflucht zu stapfen …«

Auch 1985 greift Mantler das Thema nochmals auf. In einem Artikel für die *Theologisch-praktische Quartalsschrift*, herausgegeben von den Professoren der Katholisch-theologischen Hochschule Linz, schreibt er: »Es besteht hier die Möglichkeit von ›ortsgebundenem Spuk‹. Um dieses Phänomen handelt es sich, wenn ein Sterbender seine feinstoffliche Hülle nicht rasch genug auflösen kann, sodass diese am Ort haften bleibt. Sie trägt dann einige Informationen und Aktionskräfte in sich, die man Restfunktionen nennt. Diese sind von sensitiven Menschen wahrnehmbar und verschwinden erst dann, wenn das Haus, in dem der Verstorbene gewohnt hat, abgerissen wird.« *Ortsgebunde-*

nen Spuk erklärt Mantler folgendermaßen: »Im emotionalen Druck einer Notlage formt die Psyche im feinstofflichen Bereich oft eine Sonde aus, beladet sie mit ihrer telepathischen Botschaft und strahlt sie ab. Auf dieser Welle ist die Parasonde weder durch Entfernungen behindert noch starr an die Gegenwart gebunden. Ein Sterbender kann z. B. seine verstofflichten Todeserlebnisse auch in ein Haus einpflanzen, sodass dadurch Poltergeräusche, Lichterscheinungen, ja ganze Schattengestalten zeitweise auftreten. Dieser ortsgebundene Spuk ist meist monoton, automatisch und langfristig.«

Wien im Dezember, 2002

Es ist eisig kalt, als wir die Liechtensteinstraße entlangmarschieren; am Boden liegt matschiger Schnee. Hier ist es also, Nummer 13. Erbaut 1857, wirkt das Haus immer noch stattlich, wenn auch etwas vernachlässigt. An seinen berühmtesten Bewohner erinnert ein Marmormedaillon an der Außenfassade, gestiftet 1889, lange nach seinem Tod, vom k. k. Hofburgtheater.
In diesem Haus wohnte einst Friedrich Hebbel und starb daselbst am 13. Dezember 1863, besagt die Inschrift unter dem steinernen Porträt des Dichters.
Was nun? Irgendwo läuten und fragen: Haben Sie den Geist von Hebbel gesehen? Einige Dienststellen der Hochschülerschaft sind im Gebäude untergebracht. Hier zu klingeln hat den Vorteil, dass wir eingelassen werden, ohne lästige Fragen beantworten zu müssen. Im erstbesten Büro erklären wir unser Anliegen und ernten nicht nur wortloses Kopfschütteln, sondern auch mildes Lächeln. Eine ältere Dame schickt uns schließlich in den 2. Stock, wo uns eine Bürohilfe vielleicht weiterhelfen könne.
Tatsächlich treffen wir dort eine junge Frau an, die schon von dem spukenden Dichter gehört hat: »Ich arbeite oft sehr lange, bis in die Nacht hinein, wenn die anderen schon weg sind. Da höre ich manchmal knarrende Geräusche, wie von Schritten verursacht. Ich kann sie aber nicht orten, denn sie sind überall gleichzeitig. Angst habe ich aber keine, im Gegenteil, ich fühle mich dann wohl und nicht so alleine. Ob das allerdings der tote Hebbel ist, der da rummarschiert, kann ich euch nicht sagen.«

An diesem Nachmittag klopfen wir noch an fast jede Tür dieses Hauses, doch die meisten Bewohner sind offenbar nicht anwesend. Jene, die wir antreffen, fragen in mehreren Varianten: »Wer ist dieser Hebbel?« Ein Mann in den besten Jahren öffnet, nur mit einem Handtuch bekleidet, und stellt sogar dezidiert klar: »Hier gibt es keinen Hebbel! Das ist ein ruhiges Haus!«
Nur eine ältere Dame, die wir gerade beim Kochen stören, erzählt ebenfalls von knarrenden Schritten während der Nachtstunden. Sie hält allerdings Jugendliche ihrer Nachbarschaft für die Ruhestörer.

Auch eine *Friedrich Hebbel Gesellschaft* gibt es in Wien. Deren Präsidentin, Frau Ida Koller-Andorf, trägt dafür Sorge, dass *ihr* Dichter nicht in Vergessenheit gerät. Für sie ist das Phänomen aber offensichtlich nichts Besonderes. Ohnehin sei sie überzeugt davon, Hebbel habe »mystische Spuren« hinterlassen und sein Leben und Sterben seien von unheimlichen Begebenheiten geprägt gewesen.
»Merkwürdig finde ich vor allem die Tatsache, dass aus sämtlichen Texten des an Knochenerweichung gestorbenen Dichters das Wort *Rippe* eliminiert ist. Als hätte er etwas von der Krankheit geahnt, die ihm schließlich den Tod bringen würde, hat er es überall durchgestrichen. So wird es zumindest überliefert.« Für ein Zeichen hält Frau Koller-Andorf auch den »furchtbaren Sturm, der in seiner Sterbenacht durch die Straßen gebraust ist«. Und nicht zu vergessen: »Das Wunder von Wien.« Dies alles zusammen sei Beweis genug für sie, die sich viele Jahre ihres Lebens mit dem Dichter beschäftigt habe und ihn verehre, dass »Christian Friedrich Hebbels Seele unsterblich ist. Er weilt immer noch unter uns!«

MODERNE MITTLER

Was erwartet uns nach dem Tod? Ist dann alles zu Ende oder bildet der Körper nur eine Hülle für die unsterbliche Seele? Diese Fragen sind wohl ebenso alt wie die Menschheit. Religionen geben darauf zwar Antworten und Vertreter der verschiedenen Richtungen agieren oft, als hätten sie die allein selig machende Wahrheit gepachtet, allerdings wurzeln ihre »Erkenntnisse« im jeweiligen Glauben.

Der Mensch *glaubt* an ein Weiterleben in einem Jenseits oder aber, er *glaubt* an ein allumfassendes Nichts, in das er eingeht, sobald seine Zeit abgelaufen ist. Beweise fehlen für beides. Wir *wissen* also nicht, was uns erwartet.

Energie, hier ist sich die Wissenschaft einig, kann nicht verloren gehen, sie ändert stets nur ihre Form. Gilt das auch für unsere Lebensenergie, dann wird ein *Danach* wahrscheinlich. Ob wir uns allerdings nach dem Tod unserer Existenz immer noch bewusst sind oder nicht, bleibt offen. Wahrscheinlich müssen wir erst sterben um herauszufinden, wo die Wahrheit liegt.

Manche Menschen wollen aber nicht so lange warten und bereits jetzt Gewissheit finden. Sie möchten sich schon im Diesseits davon überzeugen, dass ihre verstorbenen Angehörigen nicht bloß in ihrer Erinnerung weiterexistieren. Die Kluft, die uns von einem möglichen Jenseits trennt, versuchen sie mit technischen Mitteln zu überwinden.

Mit unseren Augen sind wir nicht in der Lage, etwa Atome zu sehen, wohl aber mit Hilfe moderner Technik. Angenommen, der Mensch hört mit seinem physischen Tod nicht auf zu existieren, sondern ändert nur seine Lebensform, seine Energie. Wenn wir unfähig sind, diese Verstorbenen zu sehen, heißt das dann zwangsläufig, dass es hier nichts zu sehen gäbe? Vielleicht ist bloß unsere Technik noch nicht ausgereift genug, um diese Energieform für uns sichtbar zu machen?

Doch Menschen, die mit den ihnen zur Verfügung stehenden

Mitteln genau das versuchen, gibt es auch in Wien. Sie möchten für sich die Wahrheit finden, ganz egal, was die offizielle Wissenschaft dazu sagt. Einige von ihnen gaben uns, stellvertretend für viele andere Suchende, Einblick in die Erkenntnisse, die sie gewonnen haben.

Im Dialog mit den Toten

Worte sind der Seele Bild –
Nicht ein Bild! Sie sind ein Schatten!
Sagen herbe, deuten mild,
Was wir haben, was wir hatten. –
Was wir hatten, wo ist's hin?

(»Worte sind der Seele Bild«, Johann Wolfgang von Goethe)

Die Anwesenden schließen die Augen und neigen den Kopf leicht nach unten. Trotz der sommerlichen Hitze bleiben die Fenster fest verriegelt, um Störgeräusche zu vermeiden. Vögel zwitschern dennoch – die Sitzungsteilnehmer lassen sich mit Entspannungsmusik berieseln, während sie sich ihre verstorbenen Angehörigen ins Gedächtnis rufen. Einer vergräbt sein Gesicht in den Händen, als wäre er andächtig in ein Gebet versunken.

»Liebe jenseitige Freunde, wir begrüßen euch freundlich. Wir wollen versuchen, über Kurzwelle einen Kontakt in die geistige Welt herzustellen, und bitten euch, negative Einflüsse fern zu halten«, begrüßt ein älterer Herr die unsichtbaren Gäste.

Eisvogelgasse 4, im 6. Wiener Bezirk. Wie jeden Dienstag Abend treffen sich die »Freunde der Tonbandstimmen«, um gemeinsam Kontakt zu Verstorbenen aufzunehmen. Ein gutes Dutzend Menschen hat sich in dem kärglich eingerichteten Vortragsraum versammelt, in dem bis zu 100 Leute Platz finden könnten. Vorne am Pult sitzen zwei Männer, die sich um die Technik kümmern: Ein Tonbandgerät mit Mikrofon und ein Ra-

dio, mehr wird nicht benötigt. Sie stellen einen slowakischen Sender ein, der als Träger fungieren soll – eine Hilfe, wie man uns erklärt, die es den Seelen erleichtert, ihre Schwingungen zu schicken.
Nach der Meditation beginnen sieben Teilnehmer ihren Dialog mit den Toten, der Rest der kleinen Runde lauscht stumm und konzentriert.
Eine blonde Frau in der ersten Reihe fragt: »Haben wir euch das letzte Mal richtig verstanden, werdet ihr wirklich bedroht? Und von wem? Meldet euch bitte und gebt diesbezüglich genauere Auskunft.« Sie klingt besorgt.
Die Dame neben ihr wartet etwa 30 Sekunden, damit auf dem Tonband Platz für die Antwort bleibt. Sie ruft danach ihre Mutter und dankt ihr für ihre Hilfe. Als Nächstes wünscht ein Ehepaar seinem Sohn »Liebe, Licht und Harmonie«. So geht es weiter, bis jeder an der Reihe war. Damit ist die *Einspielung* beendet. Nun folgt eine Pause. Um das Abhören später zu erleichtern, werden Verstärker an das Tonbandgerät angeschlossen.
Frau Maria Manov gesellt sich während der Unterbrechung zu uns. »Mir macht es eine Riesenfreude, wenn die Leute Bezug nehmende Antworten hereinbekommen und ich beobachten kann, wie sie sich seelisch wieder fangen. Ich bin auch überhaupt nicht böse, wenn sie sich nach einem Jahr so gefestigt haben, dass sie nicht mehr vorbeikommen. Diese Menschen gehen dann mit dem Wissen, dass ihre Angehörigen weiterleben.« Frau Manov wird von den anderen noch immer »die Seele des Vereins« genannt, obwohl es schon seit mehreren Jahren gar keinen Verein mehr gibt. Der wurde aufgelöst, weil die anfallende Bürokratie die kleine Gemeinschaft über Gebühr strapaziert hatte. Die *Tonbandstimmen* faszinieren die ehemalige Pharmareferentin nun schon seit vielen Jahren. Ihr Alter ist schwer zu schätzen, denn obwohl schon Großmutter, wirkt sie jung geblieben. Ihre Augen sind wach, das lange, helle Haar trägt sie zu einem Dutt hochgesteckt. »Für meine Begriffe ist es absolut nicht notwenig, einen Verein zu haben. Wir können uns auch so mit unseren Tonbandgeräten treffen und zusätzlich kann jeder zuhause selbst experimentieren«, erklärt sie uns.

Vor dem Abspielen verteilt Frau Manov noch an alle Süßigkeiten. Dann sucht sie nach ihrer Brille und geht nach vorne, um neben den beiden Herren Platz zu nehmen, die die technischen Geräte bedienen. Während das Band läuft, starrt sie konzentriert an die Decke und macht sich zwischendurch Notizen. Weil sie sich schon lange mit den Tonbandstimmen beschäftigt, hat sie sehr viel Übung mit dem Abhören. Die bleiern klingenden Stimmen zischen schnell ihre abgehackten Botschaften. Wir selbst verstehen als absolute Amateure nur einige Wörter. Doch die sind eindeutig: *Ich höre dich*, *Großvater* und *furchtbar*. Dann wird es schwieriger, bis einer der Techniker den Regler am Gerät verstellt. Etwas von einer *feschen Dame* ist nun deutlich zu vernehmen.

»Die Jenseitigen haben keinen Kehlkopf mehr, aber im geistigen Sinne quasi einen Apparat, in den sie ihre Schwingungen hineinbringen«, erläutert Frau Manov nach dem Abhören. »Sie selbst sagen *Voicebox* oder *Transkantor* dazu, aber es fällt ihnen unglaublich schwer, diese Töne zu erzeugen. Es ist sehr zeitaufwändig, da sitzt man oft Stunden, bis man eine gut reproduzierbare Stimme einfängt. Das sind die so genannten *A-Stimmen*, für alle verständlich. Die wirklich interessanten Informationen stecken aber in den meist sehr leisen, ganz langen Sätzen. Diese Flüsterstimmen verstehen nur wir Geübte.«

Nach der Sitzung bleiben noch so viele Fragen offen, dass wir Frau Manov eine Woche später erneut um ein Treffen bitten. Zusammen mit Herrn Rosenberger empfängt sie uns am darauf folgenden Dienstag Abend wieder in der Eisvogelgasse. Der 79-jährige Anton Rosenberger möchte uns seine berührende Geschichte erzählen: »Über 47 Jahre war ich mit meiner geliebten Frau, der Gusti, verheiratet. Wir waren sehr glücklich, bis dann so eine heimtückische Krankheit daherkam und sie mir weggestorben ist. Ich war so verzweifelt, wollte überhaupt nicht mehr leben. Bis ich eines Tages im Fernsehen eine Sendung über das Leben nach dem Tod und diesen Verein hier gesehen habe – 1996 war es ja noch ein Verein. Es war gerade Dienstag, also bin ich gleich hergefahren. Ich wollte unbedingt mit meiner Frau reden.«

Doch die erste Sitzung entpuppte sich für Herrn Rosenberger als seelisches Martyrium, denn Gusti blieb stumm und in seiner Verzweiflung begann er zu weinen. Eine Teilnehmerin tröstete ihn: »Beruhigen Sie sich, man wird Ihrer Frau ausrichten, dass Sie mit ihr sprechen wollen, das nächste Mal wird sie sich sicher melden.« Und so war es dann auch.

»Als ich am Dienstag darauf wieder kam und meine Fragen stellte, war eine Stimme auf dem Band, die sagte: *Anton, ich liebe dich*. Da war ich noch sehr skeptisch, denn das könnte ja jeder gewesen sein. Aber dann sagte sie mir: *Toni, Mary, Nachricht*. Mary war ihre Schwester, die litt ebenso. Und ich wusste, dass ich meiner Schwägerin ausrichten sollte, dass Gusti noch am Leben war. Da bin ich ein anderer Mensch geworden, lernte wieder lachen!« Der alte Mann mit dem schneeweißen Haar strahlt uns an. Jeder Zweifel ist für ihn heute beseitigt: »Es gibt ein Leben nach dem Tod und irgendwann werde ich wieder mit ihr zusammen sein. Ich hab bis heute schon so viele Nachrichten von meiner Frau empfangen, sie erinnert mich sogar daran, dass ich die Pflanzen gießen soll, und sagt mir, welche Medikamente für mich gut sind. Gusti meint auch, dass sie mich einmal abholen wird, aber ich muss Geduld haben, es warten noch Aufgaben auf mich.« Herr Rosenberger versäumte bisher nur zwei Mal die wöchentliche Sitzung. Einmal, weil er an den Augen operiert werden musste. Als Frau Manov seiner Gusti via Tonband mitteilte, dass ihr Mann im Krankenhaus sei, kam spontan die Antwort: *Ich weiß – mit den Augen*. Herr Rosenberger hat in der Eisvogelgasse nach eigener Aussage seine Lebensfreude zurückbekommen.

Positive Erlebnisse wie dieses wollte der Wiener Hans Luksch auch anderen Menschen ermöglichen, als er 1983 mit mehreren Gleichgesinnten den *Verein für Tonbandstimmenforschung* gründete.

Der vielseitige Mann war Automechaniker, Privatdetektiv und leidenschaftlicher Jenseitsforscher. Um die Leute aus den Hinterzimmern der Gasthäuser zu holen, wo bis dahin Sitzungen stattgefunden hatten, wurde ein Lokal für die kleinen Versammlungen gemietet, zunächst in der Sturzgasse im 15. Bezirk. Bis

heute hat sich vieles verändert: Der Treffpunkt ist mittlerweile in die Eisvogelgasse übersiedelt, der Verein hat sich aufgelöst, und Hans Luksch ist schon seit mehr als zehn Jahren tot.
Ein Vorreiter der Tonbandstimmen-Forschung war der schwedische Kunstmaler und Opernsänger Friedrich Jürgenson. Als er 1959 in der Nähe von Stockholm das Zwitschern von Buchfinken aufnehmen wollte, fand sich stattdessen beim Abspielen eine norwegische Männerstimme auf dem Band. Zunächst suchte Jürgenson nach einer natürlichen Erklärung. Hatte er ungewollt einen Radiosender empfangen? Doch vier Wochen später zeichnete er in seinem Arbeitszimmer erneut Stimmen auf, die ihn sogar mit dem Vornamen ansprachen. Jürgenson zweifelte an seinem Verstand. Ihm war zu diesem Zeitpunkt nicht bekannt, dass schon Jahrzehnte vor ihm andere Menschen bewusst Signale unbekannter Herkunft empfangen hatten. Doch die *Jenseitigen* ließen nicht locker, kontaktierten ihn immer wieder aufs Neue. Irgendwann akzeptierte der Maler die Aufnahmen und machte fast täglich seine *Einspielungen*. Die Resultate verbesserten sich ständig, die Nachrichten wurden immer deutlicher. 140 Kilometer bespielte Tonbänder und fünf Jahre später veröffentlichte er 1964 in Schweden sein Buch *Sprechfunk mit Verstorbenen*, das in mehrere Sprachen übersetzt und seither immer wieder neu aufgelegt wurde. Jürgenson starb 1987 und gilt heute als Pionier der Tonbandstimmenforschung.
Der österreichische Autor Georg Biron widmete 1994 in seinem Buch *Gibt es ein Jenseits? – Übersinnliche High-Tech-Kontakte* nicht nur Friedrich Jürgenson ein Kapitel, sondern auch dem Wiener Hans Luksch, mit dem er persönlich bekannt war. Bereits Mitte der siebziger Jahre wollte Luksch einen allgemein anerkannten Beweis für die Existenz der Tonbandstimmen liefern. Also versuchte der Privatdetektiv mit Hilfe der Verstorbenen, ungelöste Mordfälle aufzuklären. Wenn das Opfer, so dachte Luksch damals, den Namen seines Mörders nennen könnte, wäre ein Leben nach dem Tod bewiesen.
Die erste Möglichkeit für Ermittlungen bietet der Doppelmord am Wiener Liebespaar Helga Herbst und Herbert Binder. Beide sind erschossen worden. »Kennt ihr den Namen eures Mör-

ders?«, fragt Luksch mit mitlaufendem Tonband in den Raum. Er erhält die Antwort: *Ja, der Pepi.* Einen Monat später verhaftet die Polizei auf Grund von Indizien einen gewissen Josef »Pepi« R. als Hauptverdächtigen.

Am 12. Februar 1978 wird auf einem Parkplatz im niederösterreichischen Weinort Gumpoldskirchen die Leiche von Franz Mayerhofer in einem VW-Käfer gefunden. Es besteht kein Zweifel – Mayerhofer ist erschossen worden. Allem Anschein nach hat er den Täter gekannt und ihm noch selbst die Autotüre geöffnet. Auch er verrät Hans Luksch via Tonband seinen Mörder: *Da Buzek.* Vier Wochen später verhaftet die Kriminalpolizei den Taxiunternehmer Johann Boucek. Dieser gesteht schließlich, Mayerhofer nach einem Streit erschossen zu haben.

Ende Februar 1979 öffnet die Polizei gewaltsam eine Wohnung im 5. Wiener Bezirk. Sie findet die Leichen des Ehepaars Hedwig und Georg Widl. Die 78-jährige Hedwig liegt erdrosselt hinter einem Kasten im Badezimmer; ihr 84-jähriger Mann, ebenfalls erwürgt, im Keller des Hauses. Rund 50.000 Schilling Bargeld und der Schmuck der Frau sind unangetastet geblieben, ein Raubmord kann also ausgeschlossen werden. Die Polizisten stehen vor einem Rätsel. Das Ehepaar scheint keine Feinde gehabt zu haben; die Bewohner des Hauses am Margaretenplatz wissen nur Gutes von den alten Leuten zu berichten.

Hans Luksch erfährt von dem ungeklärten Doppelmord aus der Zeitung, setzt sich erneut an sein Tonbandgerät und fragt das tote Ehepaar nach dem Namen des Mörders. Eine paranormale Frauenstimme gibt zur Antwort: *Bozidar Sajn.*

Luksch berichtet der ratlosen Polizei von seinem Experiment, erntet aber nur Lächeln und amüsiertes Kopfschütteln: »Stimmen aus dem Jenseits sollen den Mörder verraten haben? I bitt Sie, lassen S' uns in Ruh!«

Wochen später wird der jugoslawische Gastarbeiter Bozidar Sajn verhaftet. Er gesteht den Doppelmord an Hedwig und Georg Widl.

Auch zu einer Reihe weiterer Mordfälle, von denen manche bis heute als ungeklärt gelten, hat Hans Luksch mit seinem Ton-

bandgerät die Toten befragt. Die Bänder und Protokolle über diese Fälle liegen beim Wiener Rechtsanwalt Dr. Hermann Gaigg unter Verschluss, der, wie Biron schreibt, »diesen Experimenten sehr aufgeschlossen« gegenüberstehe, doch sei »das Desinteresse der österreichischen Polizei frustrierend«.
Maria Manov hat Lukschs Frau gut gekannt und erinnert sich heute: »Die spektakulärste Geschichte war der Sedlmayr-Mord in München. Luksch sagte den Ermittlern, wer diesen Schauspieler umgebracht hatte. Aber danach reichte es ihm wirklich. In der Nacht kam die Polizei zur Familie Luksch, damit sie niemand sieht, und im Morgengrauen verschwand sie wieder mit ihren Aufzeichnungen. Sie gab aber offiziell nie zu, ihn von sich aus kontaktiert zu haben.«
Es sei aber nicht so, dass die Jenseitigen automatisch jeden Verbrecher verraten. Als Frau Manov selbst einen Mordfall in ihrem Bekanntenkreis klären wollte, hätten die *Trans-Partner* ihr nur mitgeteilt: *Der Täter hat schon einen großen Vorsprung.* Das solle bedeuten, in diesem Leben werde er nicht mehr gefasst. Die Bluttat sei auch bis heute ungeklärt. Doch irgendwann müsse sich jede Seele mit ihren Taten auseinander setzen. Einmal sei der Satz gekommen: *Die sind heut wieder grimmig da.*
»Ich habe zwar keine Ahnung, wer da genau grimmig ist«, erklärt Frau Manov, »aber ich weiß, dass da gerade jemand dabei war, ein Stück seines Lebens aufzuarbeiten, und dass diesem Verstorbenen, sicher liebevoll, aber doch, zugesetzt wurde. Schließlich muss er ja auch einsehen, wenn er etwas auf der Erde nicht so gut gemacht hat.«
Da schon bald die ersten Sitzungsteilnehmer eintreffen werden, um vor der Einspielung noch eine Stunde gemütlich beisammenzusitzen, bittet uns Maria Manov in den Nebenraum, wo sie bereits ein Tonbandgerät aufgestellt hat. »Wir sind hier ein sehr gutes und homogenes Team, das ist schon okay so. Aber leider werden immer nur die gleichen Jenseitigen gerufen, verstorbene Verwandte halt. Ich flenn doch nicht immer meinen Mann an, der meldet sich eh von selber. Es würde so viel mehr Interessantes zu erfahren geben.«
Die ehemalige Pharmareferentin selbst interessiert sich vor al-

lem für die *Geistärzte*, also Diagnosen und Therapievorschläge von verstorbenen Medizinern. »Da kommen wirklich sehr konkrete Angaben. Ich habe mal wegen meiner Tochter gefragt, da hat mir ein Doktor gesagt: *Leber ist krank, hat die Bazillen, aufpassen*. Und den Gesundheitszustand meiner Mutter betreffend erhielt ich die Botschaft: *Zu wenig Lunge Luft hat*. Und dass sie es nicht mehr schaffen würde. Als ich selbst einige Zeit lang einen sehr hohen Blutdruck hatte, haben sie mir ständig empfohlen, mehr zu trinken. Und sie hatten immer Recht.«
Frau Manov schaltet das Gerät ein. *Wer ist die Dame?*, fragt eine blecherne Stimme. Dann kommt die Aufforderung: *Immer mit Datum*. Wir schauen sie fragend an. Sie drückt auf die Pausetaste und erklärt: »Da vergaß ich die Koordinaten. Es ist wichtig, vor einer Kontaktaufnahme immer Datum, Uhrzeit, den eigenen Namen und den Aufenthaltsort zu nennen.« Sie schaltet wieder ein. Ihr verstorbener Mann meldet sich mit *Hier Manov!* und *Ich lebe!*. Als Nächstes spielt sie uns die Tipps und Diagnosen der *Geistärzte* vor. Wir sind beeindruckt.
Doch wie verständigen sich die Verstorbenen tatsächlich? So, wie sie es im Diesseits erlernten?
»Sie können jede beliebige Sprache benützen, meist antworten sie in jener, in der sie gerufen werden. Ich erhielt aber auch schon Antworten in Bulgarisch, Russisch oder Latein. Es scheint auf die Sprachkenntnisse des Empfängers anzukommen.«
Es gebe auch keine Männer- oder Frauenstimmen, das Entscheidende sei die Energie, mit der die Schwingungen eintreffen.
»Außerdem existieren drüben ja auch Wesenheiten, die Botschaften vermitteln, wenn der Gerufene das selbst nicht schafft. Ich habe allerdings ein paar Aufnahmen, die sich wirklich anhören wie mein Mann zu seinen Lebzeiten. Nur ein paar, aber die kann man gut mit seinen Gesängen vergleichen, die es auf Band gibt. Am Inhalt der Aussagen erkennt man, wer uns antwortet. Die Frage *Wie könnt ihr wissen, dass wir mit euch einen Kontakt möchten?* wurde mir so beantwortet: *Von euch kommt der Wunsch* oder *Wir hör'n Chromosomen deine Schwingung*, also über unser gesprochenes Wort und über unsere Gedanken. Beides sind ja auch Schwingungen. Andere Forscher auf diesem

Gebiet mögen geteilter Meinung sein, aber meine persönlichen Erfahrungen auf Grund tausender eingespielter Stimmen gehen dahin, dass der Kontakt zwischen den Jenseitigen und uns über starke Konzentration, bescheidenes Bitten und unter Zuhilfenahme geistiger und menschlicher Energien wie Blut- und Nervenbahnen, dem Gehirn als Computer und der DNA als Träger der Trans-Sprache zu Stande kommt. Die so entstehenden Schwingungen werden vom Menschen selbst unbewusst auf das Band übertragen.«

Für Frau Manov ist das Abhören von Tonbandstimmen längst alltäglich geworden, eine lieb gewordene Gewohnheit. Die Treffen in der Eisvogelgasse brauche sie nicht mehr, um Erkenntnisse zu sammeln. Vielmehr werde sie hier benötigt, um den anderen Teilnehmern beim Abhören zu helfen und ihnen Mut zuzusprechen, wenn bei den ersten Versuchen nicht sofort der gewünschte Kontakt zu Stande komme. Darin sieht sie auch ihre Aufgabe. »Was für mich wirklich interessant ist, mache ich bei mir zuhause. Früher, als wir uns noch in der Sturzgasse trafen, experimentierten die Leute noch daheim, nachdem sie erfahren hatten, wie es funktioniert. In der eigenen Wohnung hat man mehr Zeit und kann freier reden. Ich arbeite hier mit, weil ich die weniger Geübten unterstützen will. Die meisten kommen zu uns, weil sie einen Todesfall in ihrer Familie überwinden wollen, aber das ist nicht immer der Grund. Oft bringt die Beschäftigung mit den Tonbandstimmen einen Anstoß, sich zum Beispiel mit Natur, Umwelt, Religionen und Gott auseinander zu setzen. Für mich waren sie eine wichtige Hilfe, um mir mein eigenes Bild über diese Themen zu machen.«

Frau Manov gibt uns zum besseren Verständnis einige Aussagen wieder, die sie empfangen hat: *Maria, Gott liebt dich richtig!* oder *Ehret die Erde* und *Menschen reinigt die Erde.* Solche Mitteilungen, meint sie, machen sehr dankbar und demütig.

Es klopft an der Tür, Herr Rosenberger mahnt: »Wir sollten jetzt zur Einspielung gehen, es ist schon sieben.« Maria Manov greift nach ihrer Handtasche, packt ihre Geräte zusammen. »Wissen Sie, manche Leute betreiben es so extrem, dass sie abhängig werden. So soll es aber nicht sein. Nach einem Todesfall sollte man ein Jahr

stark und intensiv trauern, doch dann wieder ins Leben zurückfinden. Man muss irgendwann die Tatsachen zur Kenntnis nehmen und weitermachen. Jeder von uns hat eine Aufgabe in seinem Leben und die ist sicher nicht, bis an sein Ende zu trauern, denn es gibt ein Wiedersehen mit unseren lieben Verstorbenen.«
Dann verabschiedet sie sich und entschwindet Richtung Vortragsraum, um heute wieder einen kleinen Teil ihrer persönlichen Aufgaben zu erledigen.

Ein Fenster ins Jenseits

Sprich aus der Ferne
Heimliche Welt,
Die sich so gerne
Zu mir gesellt!

(»Sprich aus der Ferne«, Clemens Brentano)

»Das ist der Beste von allen. Der hat sich bei mir vorgestellt als Rainer Werner Fassbinder. Er hat gesagt, dass er lebt und dass es weitergeht. Das ist der da. Sehen Sie seinen Bart und seine Nase?«
Christian Reiterer zeigt auf den Bildschirm seines Fernsehers. Ein verschwommener weißer Fleck ist darauf zu erkennen, einem Gesicht nicht unähnlich. Der freundliche Mann in den Vierzigern hat ein zeitintensives und außergewöhnliches Hobby: Er filmt Gestalten und Landschaften aus dem Jenseits. Von Beruf ist Reiterer Hausbesorger. Mit seiner Frau und seinem Kater lebt er in der Singerstraße im 1. Bezirk, nahe dem Stephansdom. Und nicht zu vergessen, mit zahlreichen Stofftieren und Nippesfiguren, denn das Sammeln von Ziergegenständen ist seine zweite große Leidenschaft. An der Wand des Wohnzimmers drängen sich die technischen Geräte, jeder Quadratzentimeter in der winzigen Dienstwohnung scheint optimal genützt.

»Das ist jetzt ein Frauenkopf, sehen Sie? Da sieht man genau die Haare, die Augen, den Mund.« Reiterer hat eine von mehreren Dutzend Videokassetten seiner Sammlung eingelegt, um uns einen ersten Eindruck zu vermitteln.

»Wie ich das mache? Zuerst schließe ich die Videokamera an den Fernseher an und richte sie auf den Bildschirm. Das Fernsehgerät ist nicht an die Antenne angeschlossen und bildet den Monitor. Beim Einschalten der Kamera kommt es dann zu einem Rückkoppelungseffekt. Das ist vergleichbar mit dem Mikrofon einer HiFi-Anlage, wenn es zu nahe an die Lautsprecher gehalten wird – das dabei entstehende kreischende Quietschen haben Sie sicher schon einmal gehört. Arbeitet man aber mit Video, entstehen durch optische Rückkoppelung zunächst pulsierende weiße Lichtflecke am Bildschirm, die ich mit der Kamera aufnehme, so ungefähr eine Minute lang. Die eigentliche Prozedur beginnt aber erst jetzt. Ich spiele dieses Videoband dann ab und filme es gleichzeitig erneut. Das geht so lange, bis man in den verschwommenen Lichtflecken ein Gesicht erkennen kann, und das arbeite ich dann, so gut es geht, heraus. Den Raum darf man während der Aufnahme nicht verdunkeln und die Einspielungen sollten in Schwarzweiß aufgenommen werden, damit die Konturen gut erhalten bleiben.«

Manchmal benötigt er bis zu acht Stunden, um eines dieser Bilder herauszuarbeiten. Die Technik macht sichtbar, was das menschliche Auge nicht mehr erfassen kann.

Erfunden hat Reiterer diese Methode aber nicht. Sie geht auf Claus Schreiber zurück, der sie bis zu seinem Tod 1988 weiterentwickelt hat. Der Deutsche hatte eine Reihe schwerer Schicksalsschläge zu verkraften, im Laufe weniger Jahre war ihm durch Unfälle und Krankheiten seine ganze Familie genommen worden. Unter allen Umständen wollte er Kontakt mit seinen Angehörigen aufnehmen und experimentierte zuerst mit Tonbandeinspielungen. Seine mit 18 Jahren verstorbene Tochter soll ihm auf diesem Weg den entscheidenden Anstoß gegeben haben: *Video*. Die Entwicklungsarbeit beschreibt Georg Biron in seinem Buch *Übersinnliche High-Tech-Kontakte*.

Mit einem einfachen Rekorder und einer handlichen Videokamera begann Schreiber seine Experimente. Weder wollte er Antworten auf philosophische Fragen finden, noch wissenschaftliche Beweise erbringen, seine einzige Intention war es, Kontakt mit seinen Verstorbenen aufzunehmen.
Versuche mit verschiedensten Kameraeinstellungen und Perspektiven brachten den leidenschaftlichen Bastler allerdings nicht weiter. Bis er wieder einen Hinweis via Tonband erhielt: *Spiegel.* Konnte damit vielleicht die Verspiegelung gemeint sein, die auftritt, wenn die Kamera den Bildschirm des Fernsehapparats aufnimmt, der das Bild zeigt, das die Kamera macht, die den Bildschirm aufnimmt? Claus Schreiber erhielt auf diese Weise je nach Standort der Kamera ständig andere Motive aus Licht und Schatten: schneckenförmige Gebilde, unendlich scheinende Korridore, bizarr verschlungene Muster und sich endlos drehende Spiralen. Was er aber nicht sehen konnte, das waren seine Freunde aus der anderen Dimension …
Unermüdlich forscht er weiter. Jede freie Minute verbringt er im Keller seines Hauses. Weitere Botschaften folgen, die ihm den richtigen Weg weisen: *Halte deine Kamera ins Fernsehen* und *Leerer Kanal* und schließlich *Komm nicht in Farbe, sondern schwarzweiß; du erkennst uns sonst nicht!*
Eines Tages, nach einer langen Versuchsreihe, taucht dann auf dem Bildschirm ein kleiner, weißer Fleck auf, dessen Konturen sich verändern. Im unruhigen Flimmern glaubt Schreiber für einen kurzen Augenblick eine schemenhafte Gestalt zu erkennen, die wie eine Figur im Nebel aussieht …
Bild stoppen lautet der nächste Tipp vom Tonband. Schreiber spult das Band zurück, sucht die Stelle und drückt die Stopptaste. Deutlich kann er nun das Gesicht einer Frau sehen. Um das flüchtige Bild auf dem Monitor kopieren zu können, muss er sich eine zweite Kamera kaufen, da das Standbild seines Videorekorders bereits nach kurzer Zeit kippt. Und jetzt erkennt er die Frau auf dem Bildschirm. Es ist seine Tochter Karin, die vor Jahren gestorben ist. Mit der Zeit zeigen sich auch weitere verstorbene Familienmitglieder und Freunde über Video.
Claus Schreiber macht die Bekanntschaft des Aachener Diplom-

ingenieurs Martin Wenzel. Als Techniker steht Wenzel den Phänomenen in Schreibers Reihenhaus anfangs äußerst skeptisch gegenüber. *Videobilder aus dem Jenseits* und *Stimmen der Toten auf Tonbändern* – das scheint dem rational veranlagten Wenzel mehr als unglaubwürdig. Diesen *Schwindel* will er aufdecken.

Schreiber macht keine Geheimnisse aus seinen Versuchen im Keller. Er beantwortet Wenzels Fragen geduldig, lässt ihn jedes seiner Geräte ausführlich untersuchen und zerlegen. Wenzel hält eine technische Erklärung für diese eigenartigen Bilder immerhin für möglich, aber nach all seinen Untersuchungen ist er ratlos.

An den Geräten, die in jedem Fachgeschäft zu kaufen sind, kann es nicht liegen. Zwar hat sie Schreiber in einer Art und Weise aufgebaut, die kein geschulter Techniker gutheißen würde, aber Wenzel schließt betrügerische Absichten seines neuen Freundes mit Nachdruck aus.

In Rainer Holbes Buch *Bilder aus dem Reich der Toten* kommentiert Wenzel seine Untersuchungen:

»Die beschriebenen Einspielmethoden haben alle eines gemeinsam: Sie sind ein Angebot an Energie in einem geschlossenen Kreis in labilem Zustand. In diesem Zustand kann die Struktur dieser Energie, das heißt Frequenz und Amplitude, mit geringstem Aufwand zusätzlicher Energie modifiziert werden.

Sind die Stimmen und Bilder nun *echt*, das heißt, tatsächlich die Manifestationen jenseitiger Wesenheiten?

Nach mehr als einem Jahr genauer Beobachtung der Vorgänge steht das auch für mich absolut fest. Eine Projektion aus der Psyche des Claus Schreiber auf die Bänder ... ist auszuschließen, da recht häufig Vokabel gebraucht und von Schreiber klar gehört werden, die nicht zu seinem Wortschatz gehören. Er versteht die Worte zwar akustisch, aber nicht immer ihren Inhalt ...

Bei den Tonband- und Videoeinspielungen handelt es sich mit an Sicherheit grenzender Wahrscheinlichkeit um Informationen aus dem mit *Jenseits* bezeichneten Bereich.«

Im selben Buch erwidert Claus Schreiber seinen Skeptikern:

»Wenn ein Schiff auf das Meer hinausfährt, dann können wir es

nach einer Weile nicht mehr sehen, weil es hinter dem Horizont verschwindet. Trotzdem ist es noch vorhanden. Keiner wird die Existenz von Rundfunkwellen leugnen. Sie sind da. Wir brauchen nur Geräte, um sie hörbar zu machen. Oder wo sind am Tag die Sterne? Wir sehen sie nicht, weil die Sonne heller strahlt als sie, aber sie sind da. Genauso ist es auch mit den Jenseitigen ... Wir können sie nicht erfassen, aber erfahren.«

Christian Reiterer serviert uns einen ganzen Berg Kuchenstücke und krault seinen Kater. »Der Phillip ist nicht ängstlich. Aber der vorher, der Strizzi, der hat einmal einen verkehrten Salto gemacht. Das war bei dem allerersten Gesicht, dem *Rasputin*. Er hat seinen Schwanz aufgestellt und ist raus aus der Tür.«

Der Hausbesorger mit dem netten Wiener Dialekt hat nie ein Geheimnis aus seiner Freizeitbeschäftigung gemacht. Nach einigen Medienauftritten kamen daher immer wieder Leute mit privaten Anliegen zu ihm.

»Es waren schon welche da, die erkannten eindeutig ihre Verwandten wieder. Aber andere wurden böse, weil nicht gleich alles so zu Stande kam, wie sie sich das vorgestellt hatten. Ich kann das schließlich nicht beeinflussen. Das sind Zwischenwelten, das kommt alles aus dem Unterbewusstsein. Bei diesen Wesenheiten ist das auch nicht anders als bei uns – wenn das Telefon läutet, dann heb ich auch nur ab, wenn ich will.«

Eine ganze Reihe von verstorbenen Prominenten will der Geisterfilmer schon auf Zelluloid gebannt haben: Paul Hörbiger, Marlene Dietrich, Mahatma Gandhi und eben Rainer Werner Fassbinder sowie den russischen *Wundermönch* Rasputin. Wir rätseln, warum sich wohl so viele tote Berühmtheiten in dieser Wohnung einfinden. Reiterer glaubt, dass sich auch viele *Foppgeister* bei ihm mit falschem Namen vorstellen. Offenbar gibt es auch unter Geistern Hochstapler.

Welche Erlebnisse haben bei ihm die Entwicklung zum Jenseitsforscher eingeleitet?

»Es ist schon ewig her. Ich malte damals einen ganzen Tag lang an einem Bild. Am Abend betrachtete ich zufrieden mein Werk. Dann stellte es mir plötzlich die Haare auf, denn auf dem

Gemälde manifestierte sich das Gesicht eines Mannes mit Bart und gewelltem Haar. Nach wenigen Sekunden war es wieder weg. Damals dachte ich mir schon, so etwas müsste man irgendwie festhalten können. Weil wenn man auf etwas wartet, so wie diese ganzen Geisterjäger, dann kommt eh nichts. Aber kaum rechnet man nicht damit, fliegt einem alles zu.

Einige Zeit später fuhr ich an einem Tag im September auf den Zentralfriedhof, um das Grab eines Bekannten zu besuchen. Nachher wartete ich auf die Straßenbahn. Es war ein windiger Tag und auf einmal flog so ein Papierfetzen auf mich zu. Zuerst wollte ich den Zettel wegkicken – diesen Drang hab ich als Hausmeister«, lacht Reiterer, »aber dann hob ich ihn doch auf. Auf der Vorderseite stand *Ghost*, auf der Rückseite waren ein paar Adressen drauf, alle zum Thema *Esoterik*. Eine davon war vom *Verein der Tonbandstimmenforschung*.

Nachdem ich nicht an einen Zufall glaubte, fuhr ich kurz darauf dort hin und stellte mich beim Obmann, dem Hans Luksch, vor. Es kamen weitere Leute und ich wurde aufgefordert, mir ihre Sitzung doch einmal anzuschauen. Wenn ich Lust hätte, könnte ich auch jemand Verstorbenen rufen. Zunächst hörte ich mir die anderen an. Manche wollten mit ihren Kindern sprechen, ein paar mit ihrer Großmutter. Mein Herz raste, ich war furchtbar aufgeregt. Dann kam ich an die Reihe. Ich nannte meinen Namen und bat meinen Vater, sich zu melden und mir mitzuteilen, ob es ihm gut gehe. Später spielten wir das Band ab. Es war ein Gewirr, ein Krachen, ein Sammelsurium an Geräuschen. Zuerst konnte ich überhaupt nichts herausfiltern, doch dann die Stimme einer Teilnehmerin, die nach ihrem Kind rief. Sie fragte: *Was habe ich dir in den Sarg mitgegeben?*

Ich hörte als Antwort etwas von einer *weißen Robbe* und informierte die Runde davon. Darauf sprang die Frau kreidebleich auf: *Ich hab ihr ein Stofftier mitgegeben, eine weiße Robbe!* Da bekam ich eine Gänsehaut …

Der Kontakt mit meinem Vater jedenfalls gelang gleich beim ersten Mal. Er sagte: *Bua, mir geht's wunderbar! Ich bin jetzt drüben, keine Sorgen!* Er hatte eine hohe Stimme gehabt und ich hab sie eindeutig erkannt. Das war sehr schön für mich.«

Reiterer taucht aus seinen Gedanken auf und zeigt wieder auf den Fernseher. »Das ist eine Landschaft, die Sie da sehen. Ein Dorf oder so was Ähnliches.«

Wir betrachten die weiß-grauen Häuser auf dunklem Hintergrund. Das Plätschern eines kleinen Zimmerbrunnens und das behagliche Schnurren des Katers sorgen für eine fast beschauliche Stimmung.

»Mit der Zeit wurden die Ergebnisse bei diesen Sitzungen immer besser. Eines Tages sagte eine Stimme: *Geh über Video!* Ich fragte den Luksch, was das bedeuten soll. Er erzählte mir dann von einem Mann in Deutschland, der die Jenseitigen filmt. Sein Name war Claus Schreiber. Der soll sogar sprechende und sich bewegende Gestalten aufgezeichnet haben. *Wenn die in Deutschland das können, werden wir das auch schaffen*, sprach mir der Luksch Mut zu. Also kaufte ich gleich alles ein, was ich dazu brauchte: Kameras, Videorecorder … Ich stürzte mich sofort riesig in Schulden.« Er lacht.

»Der Deutsche hatte einen Keller, der mit Silberpapier ausgelegt war. Das soll angeblich alles Negative abschirmen, was weiß ich. Darauf hab ich jedenfalls verzichtet. Ich dachte, was kommt, soll eben kommen. Dann machte ich eine Einspielung nach der anderen und versuchte alles Mögliche. Am Anfang gelang gar nichts. Doch eines Tages erschien dieser Kopf, der sich als *Rasputin* vorstellte. Mit der Zeit erlernte ich die Feinheiten, um die Ergebnisse zu verbessern. Manipulieren kann man da aber nichts. Das einzige Problem ist, dass selten die kommen, die ich rufe. Deshalb lehne ich auch das Tischerlrücken für mich ab. Da erreicht man hauptsächlich Foppgeister und die bringen selten was Positives mit.«

Was fasziniert Christian Reiterer so daran, mit dem Jenseits zu kommunizieren?

»Wir haben doch alle Angst vor dem, was danach kommt. Auf der ganzen Welt versuchen Millionen Menschen, etwas über das Jenseits zu erfahren. Die meisten geben aber nicht zu, dass sie sich mit dieser Materie beschäftigen. Auch ich hab Angst – nicht vor dem Tod, sondern nur vor dem Übergang, dem Weg, den wir vom Diesseits ins Jenseits gehen müssen. Das Fegefeuer halte ich für einen Blödsinn, genauso wie die Hölle. Es gibt eine höhere Macht, das ist Gott. Aber wenn wir uns anschauen, wie viele Grausamkeiten es auf dieser Welt gibt, wie viele Kriege und das ganze Leid, da glaube ich, dass wir uns bereits im Fegefeuer befinden. Sicher, es gibt auch viele schöne Momente im Leben, aber meistens leiden wir doch, entweder seelisch oder körperlich.«

Ein kleiner Hausaltar mit einer Madonnen-Statue aus Lourdes steht im zweiten Raum von Reiterers Wohnung. »Ich bin sehr religiös, ein Anhänger der Mutter Gottes. Meine Tochter war im Alter von sechs Jahren sehr schwer krank: infektiöse Gelbsucht, also Hepatitis C. Die Ärzte hatten sie bereits aufgegeben, aber ich wollte mir mein Kind nicht wegnehmen lassen. Also kündigte ich meinen damaligen Job und wachte Tag und Nacht an ihrem Bett. Lachen Sie mich bitte nicht aus, aber ich schnitt ihr sogar ein Büschel Haare ab und lief damit in den Stephansdom. Ich schrieb der Mutter Gottes in ein Büchl: *Bitte nimm mir nicht mein einziges Kind!* Dann betete ich jeden Tag und legte meiner Tochter auch die Hände auf. Irgendwie wurde sie gesund und die Ärzte standen vor einem Rätsel. Die Leber wurde wieder kleiner und das Virus verschwand komplett aus ihrem Körper. Der Mensch kann oft mehr bewerkstelligen, als er sich selbst zutraut. Der Glaube versetzt ja bekanntlich Berge.«

Reiterer zieht ein Foto aus einer Vitrine hervor. »Heute ist sie dreiundzwanzig und völlig gesund. Ich bin so froh, dass sie so groß geworden ist.« Ein hübsches dunkelhaariges Mädchen lacht uns von dem Bild entgegen.

In einem Magazin, das vor mehreren Jahren eine Reportage über Reiterer und seine Videoexperimente gebracht hat, entdecken wir ein merkwürdiges Foto: Es zeigt einen Sarg während eines Begräbnisses. Der Sargdeckel steht einen Spaltbreit offen.

»Gut, dass Sie mich daran erinnern. Der Luksch vom Verein starb Mitte der neunziger Jahre. Vor seinem Tod versprach er uns, dass er noch ein Zeichen geben würde. Auf dem Begräbnis hatte ich die Filmkamera dabei. Bevor sie den Sarg in der Erde versenken wollten, ging dann plötzlich der Deckel auf. Ich lüge Sie nicht an, ich hielt das alles mit der Kamera fest. Am nächsten

Tag sprach ich mit den Leuten vom Beerdigungsinstitut darüber. Sie meinten: *Das gibt es nicht, der Deckel war fest zugeschraubt.* Selbst das Bild konnte sie nicht davon überzeugen. Aber ich bin mir sicher, das war das Zeichen vom Luksch.«

Wir verlassen den Geisterforscher und schlendern nachdenklich die Singerstraße hinunter. An der nächsten Ecke, keine 20 Meter von dem Haus entfernt, in dem Christian Reiterer lebt, sticht uns der Name der Quergasse ins Auge: Liliengasse. Diese mündet nach kaum 50 Metern in die Weihburggasse. Diese drei Gassen bilden zusammen mit der Kärntner Straße einen Block, kurz bevor Letztere in den Stephansplatz mündet. Singerstraße, Liliengasse, Weihburggasse – da war doch was?

Lotte Ingrisch, die österreichische Schriftstellerin und Expertin für das Übersinnliche, erwähnt diese Gegend in besonderem Zusammenhang. In ihrem, als autobiografisches Tagebuch gehaltenen Band *Die Kapelle der Gefahren* finden wir nach einigem Suchen die betreffende Stelle:

Wien, 10. Februar 1987
Atti erzählte mir, dass er in der Singerstraße einen rothaarigen Bekannten traf und sich ein paar Minuten lang mit ihm unterhielt. Als er sich schon verabschiedet hatte, fiel ihm ein, dass der Betreffende tot ist! Er drehte sich rasch um – aber da war niemand. Als hätte der Rothaarige sich in Luft aufgelöst.

Heute früh rief mich Attis Frau Eva an. Auch sie erzählte eine Geschichte. Eva ging durch die Liliengasse und traf die junge, besonders reizende Mitarbeiterin der damals allgewaltigen Herrscherin in der Galerie Würthle, Frau Luise. Eva war über die Begegnung erfreut. »Wie geht es Ihnen?«, fragte sie. »Sehr gut«, versicherte die junge Galeristin. »Arbeiten Sie noch bei der Frau Luise?« – »Aber nein, schon seit vier Jahren nicht mehr!« Man trennte sich, Eva betrat die Galerie Würthle an der Ecke Liliengasse und Weihburggasse. »Wissen Sie, wen ich gerade getroffen habe? Ihre junge Mitarbeiterin X.Y.« Frau Luise wurde totenblaß. »X.Y. ist vor vier Jahren gestorben.«

Ich hatte selbst eine höchst mysteriöse Begegnung in der Singerstraße, an der gleichen Stelle wie Atti, und die Liliengasse ist nur ein paar Schritte von der Stelle entfernt. Ist dort ein Korridor, durch den man zwischen den Welten hin- und hergehen kann? Eva meinte, dort wimmelte es vielleicht von Toten. Da fiel mir ein, dass ich gerade in der Singerstraße und in der Weihburggasse auch oft denken muss, wie es wäre, wenn mir jetzt meine tote Mutter entgegenkäme oder Herbert Zand, ein verstorbener Freund, oder, oder, oder. Aber warum denke ich das? Wahrscheinlich kommen sie mir in diesem Augenblick wirklich entgegen und mein Gehirn filtert die Wahrnehmung sofort aus.

DIE WITWE DES WALZERKÖNIGS

Als wir uns trennten
In Schweigen und Leid,
Brechenden Herzens,
Für lange Zeit, …
Dein Schwur ist verweht nun,
Dein Nam' ist entehrt,
Ich hör' ihn geschmäht nun,
Bis Scham mich verzehrt.

(»Als wir uns trennten«, Lord Byron)

Wien, 2. April 2000

Ich sitze in meinem Wohnzimmer auf der Couch und bin in »Die Verwandlung« von Franz Kafka vertieft. Laue Luft weht durch die geöffnete Balkontüre, das Aprilwetter zeigt sich von seiner schönsten Seite.
Kafka kann warten, beschließe ich und gehe nach draußen.
Als ich vor zwei Monaten hierher übersiedelte, war es noch eisig kalt. Mittlerweile habe ich mich sehr gut eingelebt. Meine Wohnung hier im Haus in der Johann-Strauß-Gasse 4 liegt im ersten Stock und ist hell und freundlich. Genau das, was ich gesucht hatte. Auch die Gegend in diesem Eck des vierten Bezirkes ist nett, grün und ruhig, und trotzdem relativ zentral. Wolkenfetzen schieben sich vor die Sonne und es ist plötzlich sehr kühl.
Ich gehe ins Wohnzimmer zurück und schließe die Balkontüre. Doch auch im Zimmer ist es merklich kühler als vorher. Fröstelnd nehme ich die Decke vom Schaukelstuhl, wickle sie um meine Hüften und setze mich wieder auf die Couch. Gerade, als ich nach dem Buch greifen will, rieselt Gänsehaut über meinen Körper. Ich beginne zu zittern und spüre einen Energieschwall über mir zusammenschwappen. Es ist, als hätte man mich in eisig

kaltes Wasser, mitten in eine hohe Welle, geworfen. Ich sehe auf die Uhr, der große Zeiger steht haargenau auf der Zwölf, der kleine auf der Fünf. Das Zimmer verfinstert sich, die Sonne hat momentan keinen Platz. Aus der Nachbarwohnung höre ich Kinderlachen. Ich sitze hier auf der Bettbank, keine Ahnung wie lange. Dann gehe ich, immer noch frierend, in die Küche und beginne unruhig nach etwas zu suchen. Ich weiß nicht wonach. Einige Minuten später ist alles beim Alten und auch meine Gänsehaut verschwunden.

»Und das war nur der Anfang«, erzählt Birgit H. weiter. »Bereits wenige Tage später hatte ich dieselbe Wahrnehmung wieder. Eigenartige und recht unangenehme Schwingungen pulsierten durch meine gesamte Wohnung. Ich versuchte, meine negativen Empfindungen, die ich dabei hatte, zuerst zu ignorieren, dann zu vertreiben. Aber diese Energie war ungeheuer stark, sie kroch in mich hinein und machte mir Angst.
Es begann immer so gegen 17 Uhr und steigerte sich in der Intensität bis etwa 20 Uhr. Später, als ich dann schon wesentlich sensibler gewesen bin, stellte ich fest, dass eine Grundschwingung immer vorhanden war, aber zwischen spätem Nachmittag und Abend war sie besonders präsent.
Während dieser Stunden konnte ich auch nie jemanden in meine Wohnung einladen, nachdem drei meiner Freunde bereits die Flucht ergriffen hatten, ohne genau zu wissen warum. Als ich nachfragte, meinten sie nur, sie hätten Gänsehaut und ein unangenehmes, beklemmendes Gefühl verspürt. Mit diesen Leuten musste ich mich ab diesem Zeitpunkt immer woanders treffen, die wollten unter gar keinen Umständen jemals wieder zu mir in die Wohnung kommen. Ich habe dann einfach alle anderen Besucher immer erst gegen 20 Uhr eingeladen und das hat funktioniert.«

Wien, 29. April 2000
Ich habe mich an diese Energieschübe in meiner Wohnung gewöhnt. Sie belasten mich kaum mehr.
Wieder einmal sitze ich in meinem Wohnzimmer.

Ein wunderschöner Frühlingstag neigt sich dem Ende zu. Auf dem Tisch liegt aufgeschlagen das Buch »Die verlorene Ehre der Katharina Blum« von Heinrich Böll. Auch dieses Werk lese ich für mein Germanistik-Studium, das ich vor einem halben Jahr im Alter von 19 begonnen habe.
Was ist das? Ich habe etwas gehört. Es ist Punkt 17 Uhr. Anfangs kaum hörbar, sickern geseufzte Laute durch die Wände. Bewegungslos starre ich zum Fenster, doch es ist geschlossen. Draußen bläst der Aprilwind, das Rascheln der Blätter ist zu hören. Doch das Geräusch in meiner Wohnung hat damit nichts zu tun. Es ist hier drinnen, hier drinnen bei mir!
Ich gerate nicht in Panik, dazu bin ich zu vernünftig. Es muss eine logische Erklärung für dieses Geräusch geben. Plötzlich ist auch noch ein anderer Ton zu vernehmen, es klingt wie ein todtrauriges Klagen oder Jammern. Ich laufe in die Küche, nein, hier ist nichts zu hören, ebenso wenig im Schlafzimmer. Es ist im Wohnzimmer, eindeutig, quillt aus allen Ecken. Wirklich laut ist es nicht, aber sehr eindringlich. Was hat das zu bedeuten? Ich träume das nicht, es passiert wirklich. In meinem Wohnzimmer, oder in dessen Wänden, ist ein leidendes Wesen, das sich Gehör verschaffen möchte. Aber ich glaube nicht an Geister.

»Ich überlegte hin und her, was ich tun sollte. Meine Freunde um Rat zu fragen wäre sinnlos gewesen. Entweder hätten sie mich ausgelacht oder für verrückt erklärt oder aber gesagt, sie wollten damit nichts zu tun haben. Einige wussten ja, dass in meiner Wohnung sonderbare Dinge vorgingen. Meinen Vater, der als Landwirt auf seinem Hof im Burgenland lebt, hätte ich damit auch niemals behelligt, noch dazu, wo er herzkrank ist. Meine Mutter starb bei einem Autounfall, als ich sechzehn war. Und Nachbarn einzuweihen traute ich mich nicht. Ich kannte ja niemanden wirklich, außerdem hätten mich einige womöglich für eine Irre gehalten.
Nach zwei Wochen, in denen ich die Geräusche fast täglich, stets zwischen 17 und 20 Uhr, hatte ertragen müssen, entschloss ich mich, endlich etwas zu unternehmen.
Natürlich wäre es möglich gewesen, dem Geklage aus dem Weg

zu gehen, mich auf der Uni, bei Freunden oder in Kaffeehäusern aufhalten. Aber auf Dauer konnte das keine Lösung sein. Also fragte ich letztendlich doch einen Bekannten von mir, dem Gott sei Dank gar nicht zum Lachen zu Mute war, nach seiner Meinung. Georg meinte, ich solle es mit *Tischerlrücken* versuchen und den traurigen Geist rufen. Ich bastelte mir also ein kleines Holztischchen und band an eines der Beine einen Bleistift. Eigentlich kam ich mir damals ziemlich blöd vor, wusste mir aber nicht mehr anders zu helfen. Und Wegziehen kam für mich zum damaligen Zeitpunkt nicht in Frage, einfach weil ich mich nicht unterkriegen lassen wollte. Außerdem war die Wohnung relativ günstig, und ich musste neben dem Studium ohnehin schwer genug arbeiten, um mir überhaupt eine eigene Bleibe in Wien leisten zu können.
Folglich saß ich ungefähr einen Monat lang, beinahe jeden Abend, immer ab 17 Uhr, in meinem Wohnzimmer, mit einem Blatt Papier und meinem Tischchen. Sobald das Seufzen und Klagen begonnen hatte, rief ich den Geist und versuchte telepathisch mit ihm in Verbindung zu treten. Ich bat darum, er möge mir seine Geschichte erzählen, damit ich ihn erlösen konnte. Ja, so einfach stellte ich mir das damals vor.«

Wien, 22. Mai 2000
Wieder einmal sitze ich da und versuche Kontakt aufzunehmen, Zeige- und Mittelfinger fest auf die Platte des Holzgestells gepresst. Wie schon so oft zuvor, bitte ich darum, dass sich »jemand« meldet. Doch nichts passiert. Ich halte mich strikt an die Anweisungen, die mir mein Bekannter mit auf den Weg gegeben hat. Ob sie richtig sind, weiß ich nicht. Vielleicht mache ich ja wirklich alles falsch.
Aber halt, das Tischchen ist doch gerade ein Stück gewandert? Ich sehe eine kurze, feine Linie auf dem Papier. Wahrscheinlich habe ich mich bewegt, das hat nichts zu bedeuten. Konzentriert denke ich an das Wesen, das es in meiner Wohnung geben könnte. Handelt es sich um eine Frau? Ja, ich bin mir fast sicher. Wie alt könnte sie sein? Wie lange ist sie schon tot? Wie hat sie gelebt? Was ist ihr zugestoßen? Bitte melde dich doch endlich! Ein Ruck

geht durch das Holzgestell, meine Hand beginnt zu zittern. Was passiert jetzt mit mir? Ohne weitere Vorwarnung saust der Bleistift über den Papierbogen, fährt auf und ab, zieht Linien und formt Schlingen. Mit weit aufgerissenen Augen starre ich auf die Schrift, die vor meinen Augen tanzt. Das darf nicht wahr sein! Abrupt hält das Tischchen an und steht wieder ruhig da.
Ich blinzle die Tränen der Anspannung weg und versuche das Geschriebene zu entziffern. Was soll das heißen? »Verzeih mir«? Angestrengt starre ich auf die beiden Worte, die fein zu Papier gebracht, aber durch einen starken Strich am unteren Zeilenrand getrennt sind. Ja, es heißt »Verzeih mir«! Wem soll ich verzeihen? Mein Gott, das Ganze ist doch verrückt! Entschlossen lege ich meine beiden Finger wieder auf die Holzplatte. Ich muss weiterfragen. Wer bist du? Was willst du von mir? Wie soll ich dir helfen? Das Tischchen beginnt wieder sich in Bewegung zu setzen. Ich bin nicht mehr überrascht und lese »Liebster«.

»Ja, ich hatte Angst. Aber mein Bedürfnis, die Sache aufzuklären, war stärker. Sicher haben Trotz und Ärger auch eine Rolle gespielt. Ich war einfach wütend, dass ich in meiner neuen Wohnung nicht glücklich werden und keine Ruhe haben sollte. Außerdem glaubte ich nie wirklich an Geister, insofern wundert es mich noch heute, dass ich in meiner Ratlosigkeit, mit meiner Skepsis und meiner trotzigen Wut Erfolg hatte.
Natürlich wusste ich mit den Aussagen nichts anzufangen. Ich war nach dieser Sitzung um nichts klüger. Also versuchte ich es wieder und wieder, aber ich bekam immer dasselbe heraus. Das Tischchen schrieb ständig *Verzeih mir* und *Liebster*, stets in dieser Reihenfolge, manchmal auch rasch hintereinander.
Das Ganze hat mich zwar sehr angestrengt, aber ich war nach wie vor wild entschlossen, hinter das Geheimnis meiner seufzenden und klagenden Wände zu kommen. Mehr konnte ich damals leider nicht in Erfahrung bringen. Immer wenn ich Näheres erfragt habe, begann das Holzgestell wild herumzufahren und der Bleistift malte nur noch Kritzeleien auf das Papier, oft so fest, dass die Spitze abbrach. Meist habe ich es dann wirklich mit der Angst zu tun bekommen und die Sitzung abgebrochen.

An den Zuständen in meiner Wohnung hat sich in dieser Zeit nichts geändert. Nach wie vor spürte ich jeden Tag diese Energieschübe, diese Woge an Eindrücken, die man jedoch nicht ausfiltern konnte. Manchmal bekam ich währenddessen Panikzustände, dann wieder wurde ich unendlich traurig oder ich war furchtbar genervt. Das Seufzen und Klagen hörte ich beinahe täglich. Entweder stellte ich dann schnell den Fernseher an oder ich saß nur da und lauschte den traurigen Lauten.
Durch Zufall lernte ich Wochen später über Georg ein Medium kennen. Sarah war eine Freundin meines Bekannten aus Kindertagen und er selbst hatte sie jahrelang nicht gesehen. Aber an diesem Freitag Abend, Anfang Juli, als ich mit einer Freundin zum Plaudern in einem Kaffeehaus im Stadtzentrum saß, trafen wir aufeinander.

Wien, 3. Juli 2000

Endlich mal wieder entspannt mit einer Freundin bei einem Kaffee sitzen. Meine scheinbar von einem Geist besetzte Wohnung ist in weiter Ferne. Das tut so gut.
Wir sitzen draußen, denn im Inneren des Lokals ist es schweißtreibend schwül. Es dämmert bereits, aber rund um uns herum herrscht reges Treiben. Junge Leute gehen lachend an unserem Tisch vorbei, Kinder quietschen und irgendwo bellt ein Hund. Diese herrlich normalen Geräusche, ich kann mich gar nicht satt hören. Da tippt mir jemand auf die Schulter, es ist Georg. Er setzt sich zu uns an den Tisch und wir beginnen zu plaudern.
Ein gerufenes »Hallo!« lässt mich den Kopf heben. Da steht sie vor uns: Sarah! Sie kennt Georg und er stellt sie uns vor. Sarah hat früher mit ihren Eltern in derselben Straße wie Georg gewohnt. Die beiden haben sich lange nicht mehr gesehen und sie fragt, ob sie sich zu uns setzen dürfe. Ich stimme begeistert zu, denn sie scheint eine ganz außergewöhnliche Frau zu sein. Fasziniert blicke ich in ihre strahlend blauen Augen und fühle mich beinahe ein wenig wie ein Mann, der mit einer jungen Frau flirten möchte.
Ich muss lächeln. Natürlich nicht genau so. Aber Sarah ist wirk-

lich bezaubernd, wunderhübsch mit ihrem schwarzen, frech kurz geschnittenen Haar, den feinen Gesichtszügen und diesem herzlichen Lachen. Auch wir beide kommen ins Gespräch. Was ich so mache? Ich studiere Germanistik und versuche gerade einen Geist aus meiner Wohnung zu vertreiben. Sarah wird ernst. Ich erzähle ihr die ganze Geschichte und sie lauscht konzentriert, ohne zu unterbrechen. Georg ist das Lachen scheinbar auch vergangen. Er meint, Sarah sei ein Medium, das wäre sie schon als Kind gewesen. Die junge Frau nickt und sagt, sie wolle mir helfen.

»Ich freundete mich rasch mit Sarah an und vertraute ihr. Sie hat mir aber nie ihren Familiennamen verraten, was mir heute sehr Leid tut.
Wir setzten uns noch in derselben Nacht in meinem Wohnzimmer zusammen. Sie spürte die Energie, obwohl es schon weit nach 20 Uhr war. Sarah meinte, dass jemand in dem Zimmer sehr traurig sei, denn die Schwingungen würden Kummer und Tränen enthalten. Sie versprach mir, am nächsten Tag gegen 17 Uhr wieder zu kommen, um Kontakt mit dem Wesen aufzunehmen. Und genau das tat sie auch.«

Wien, 4. Juli 2000
Es ist heiß. Alle Fenster stehen sperrangelweit offen, die Balkontüre ist angelehnt. Sarah wischt sich den Schweiß von der Stirn und nippt an ihrem Wasser. Ich sitze verkrampft in meinem Schaukelstuhl und wippe hin und her.
Es ist 10 Minuten nach 17 Uhr. Sarah hebt den Kopf, sie hat etwas gehört. Angestrengt lauschend beuge ich mich nach vorne. Ich höre es. Das Seufzen hat begonnen. Gänsehaut überzieht meinen gesamten Körper, sogar auf der Kopfhaut beginnt es zu kribbeln. Die Luft steht still. Ich stehe auf und setze mich auf den Boden, schräg neben Sarah. Sie legt sich auf den Teppich und streckt sich gerade aus. Ihre Augen sind geschlossen. Ich fange zu zittern an, das muss die Anspannung sein.
Ein Klagelaut ertönt und ich zucke zusammen. Dieses Geräusch kommt nicht wie üblich aus der Ecke des Zimmers, es dringt aus

Sarahs Mund. Sie stöhnt auf und beginnt zu reden, stammelt Worte, bildet Sätze. Sie sagt: »Ich bin es, Lili. Lili Strauß«.

»Zuerst wusste ich natürlich nicht, wer gemeint war. Ich hörte einfach nur weiter zu, was Sarah sagte. Letztendlich wurde mir durch das Medium eine Botschaft übermittelt, Worte von Lili Strauß, der zweiten Frau von Johann Strauß Sohn, dem Walzerkönig. Sie erzählte, sie habe mit ihrem Mann kurze Zeit in einem Palais gelebt, an dessen Stelle nun das Haus steht, in dem ich zu dieser Zeit wohnte. Das Haus Johann-Strauß-Gasse 4 im 4. Bezirk.

Ich erfuhr aus Sarahs Mund, dass Lili keine Ruhe finden könne, weil sie *ihren Schani* betrogen und es ihm nie gesagt habe. Sie übermittelte auch, dass sie dies noch immer aufs tiefste bereute. Lili beteuerte, sie wäre nie wieder froh geworden und liebte Johann heute noch.

Dieses Geständnis war sehr berührend für mich, ich konnte damals gar nicht mehr aufhören zu weinen. Natürlich war die ganze Situation auch sehr unheimlich. Allerdings darf man sich das nicht so vorstellen, wie derartige Situationen in schlechten Filmen oft dargestellt werden. Sarah sprach nicht mit der Stimme von Lili Strauß, sondern mit ihrer eigenen, sie zuckte auch nicht am ganzen Körper. Sie lag eher ruhig da, mit geschlossenen Augen, ab und zu stöhnte sie ein wenig, einmal griff sie nach meiner Hand. Das war in dem Moment, als Lili Sarah um Hilfe bat. Offensichtlich hatte Lili zuerst gehofft, ich könnte ihr helfen, und sich deshalb bemerkbar gemacht. Als der Geist aber erkennen musste, dass ich auch nicht in der Lage war, seine mit dem Tischchen geschriebenen Botschaften zu deuten, schickte er mir Sarah.«

Ich kann es nicht glauben, Lili Strauß ist in meiner Wohnung und redet mit mir! Sie ist traurig und kann es sich nicht verzeihen, ihren Schani betrogen zu haben. Johann müsste ihr vergeben, aber sie findet ihn nicht …

Sarah hat mir später erklärt, dass Lili Johann deshalb nicht finden konnte, weil sie ihn im Diesseits suchte. An jenem Ort, wo

die beiden vor 120 Jahren gelebt hatten und wo es schon seit langer Zeit keinen Johann Strauß mehr gab und auch kein Palais. Die arme Frau hatte nicht realisiert, dass sie tot war und *Schani* im Jenseits auf sie wartete.
Natürlich wollte ich wissen, ob man ihr nicht helfen könnte. Außerdem wollte ich, bei allem Mitleid, endlich wieder meine Wohnung für mich alleine haben. Sarah versprach wiederzukommen um Lili zu erlösen, allerdings brauchte sie dazu mehr Kraft.
Ein paar Tage später stand das Medium erneut vor meiner Türe. Lili nahm auch tatsächlich wieder Kontakt auf, es war eine energetisch irrsinnig arge Situation.«

Wien, 9. Juli 2000

Sarah ist mein rettender Engel und genauso sieht sie heute auch aus. Sie ist ganz in Weiß gekleidet und kaum geschminkt. Lächelnd betritt sie meine Wohnung und lässt sich auf den weichen Teppich sinken. Es ist 17 Uhr. Sarah beginnt mit einer Art Gebet, sie hat die Augen geschlossen und wippt mit dem Oberkörper hin und her. Fortwährend lächelt sie vor sich hin. Jetzt ruft sie Lili, die offensichtlich erscheint.
Ich spüre einen Energieschub, der mir die Beine wegknicken lässt. Ich sinke zu Boden, lasse jedoch Sarah nicht aus den Augen, starre gebannt und fasziniert in ihr Gesicht. Sie wirkt gelöst und dennoch sehr konzentriert. Seufzen ist keines zu hören, nur Sarahs gemurmelte Worte füllen das Zimmer. Sie erklärt Lili den Weg, sagt, sie müsse ihre Hände hochheben und sich führen lassen, dürfe keinen Widerstand leisten. Dann verabschiedet sie sich von Johann Strauß' Frau und wünscht ihr ein schönes Wiedersehen mit ihrem Schani.
Ich spüre einen leichten Luftzug im Gesicht und rufe euphorisch einen Abschiedsgruß. In mir steigt ein Hochgefühl auf, ich könnte singen und tanzen. Sarah öffnet die Augen und sieht mich erleichtert an. Jetzt weiß ich, dass Lili für immer aus meinem Leben verschwunden ist. Hoffentlich ist sie bald wieder mit Johann vereint und er kann ihr verzeihen.

Birgit H. klappt ihr Tagebuch zu und schaut gedankenverloren aus dem Fenster des Lokals. Schweigend sitzen wir ihr gegenüber und lassen, jeder für sich, das Erzählte nachwirken. Die junge Frau ist sichtlich erschöpft. Sie wendet uns wieder den Kopf zu und meint, dass die Erinnerungen sehr unangenehm für sie seien, auch wenn die Geschichte gut ausgegangen ist. Sie möchte so etwas nie wieder erleben müssen.
»Trotz meiner Sympathie, die ich letztendlich für die traurige Lili gehegt habe, war die ganze Situation furchtbar für mich. Vor allem am Anfang, als ich mir nicht zu helfen wusste und mich diese unheimlichen Schwingungen tagtäglich belastet haben. Und dann auch noch die Geräusche ... Man muss sich das vorstellen, da ist stundenlang keine Ruhe, ständig seufzt es in einer Ecke, und diese eindringlichen Klagelaute ... Aber Gott sei Dank war nach der Verabschiedung der Frau Strauß meine Wohnung wieder vollständig *normal* und *sauber*. Es hat keine eigenartigen Energien und keine schauerlichen Geräusche mehr gegeben und ich wollte endlich zu meinem normalen Leben zurückkehren.«
Doch zuerst einmal vergrub sie sich tagelang in ihrer Wohnung um alles zu verarbeiten. Sie ging nicht auf die Universität und traf keine Freunde.
Nach einer Woche wollte sie Sarah anrufen um sich zu bedanken. Sie wählte ihre Festnetznummer, es ertönte aber kein Freizeichen, der Anschluss existierte offensichtlich nicht mehr. Birgit H. erkundigte sich bei Georg, doch der wusste gar nichts, auch keine aktuelle Wohnadresse, er kannte nicht einmal die Telefonnummer. Und sie hatte herausgefunden, dass in Sarahs Elternhaus längst andere Leute wohnten.
Im November 2000 gab Birgit H. die Wohnung in der Johann-Strauß-Gasse 4 auf und zog mit zwei Studienkolleginnen zusammen. »Ich habe festgestellt«, meint sie lachend, »dass ich mich in einer WG doch wohler fühle. Wir Mädels haben viel Spaß und es ist auch immer jemand zum Reden da.«
Im Juli 2001 erhielt sie, fast genau zum Jahrestag von Lilis Erlösung, eine Ansichtskarte von Sarah, danach hat sie bis heute nichts mehr von ihr gehört. Die Karte war in England aufgegeben worden und auf ihr stand: »Hi! Bin nach London gezogen

und wohne in einem Herrenhaus, zusammen mit einem Gespenst namens Sam. Hoffe, Lili ist erlöst und du kannst wieder in Frieden schlafen. Deine Sarah.«

Wer war nun diese Lili, deren Seele sich anscheinend nicht von dieser Welt hatte lösen können? Für die Strauß-Biografen stellte das so genannte »Lili-Intermezzo« meist nicht mehr als eine bessere Fußnote, wenn auch eine schillernde, im Leben des meist übermenschlich gezeichneten Walzerkönigs dar.
Es war ein seltsames Paar, das da im Mai 1878 in der Wiener Karlskirche vor dem Traualtar stand:
Einerseits Johann Strauß Sohn: Damals 53 Jahre alt, war er längst schon, was wir heute einen Superstar nennen, die Verkörperung des Wiener Walzers, der Popmusik des 19. Jahrhunderts – Komponist etwa des *Donauwalzers* und der *Fledermaus*, k. k. Hofball-Musikdirektor und einer der populärsten Menschen seiner Zeit. Walzersüchtig war, dank seiner Tourneen, nicht nur Europa, sondern auch die Neue Welt. Als einziger Österreicher soll er damals schon, so heißt es, auch hinter der Chinesischen Mauer bekannt gewesen sein.
Andererseits die 28-jährige Ernestine Henriette Angelika Dittrich: Als angehende Soubrette hat sie sich den Künstlernamen »Angelique Dittrich« zugelegt, alle Welt nannte sie aber schlicht Lili. Geboren 1850 im schlesischen Breslau als waschechte Preußin, war sie in Wien eine *zuagraste* Gesangsschülerin, die auf ein entsprechendes Engagement am Theater hoffte. Von Strauß hatte sie sich »die Stimme prüfen lassen« wollen. Lili war nichts weniger als eine begnadete Sängerin, aber andere Reize dürften den Meister ohnehin mehr beeindruckt haben. *Dir pick ich ein endloses Busserl auf Dein schönes Arscherl*, schreibt er ihr einmal. Ein Zeitzeuge beschreibt sie als »ein munteres, sehr munteres, rundliches Geschöpfchen mit übermütigem Frohsinn«. Das Auffälligste an Lili soll ihre außerordentlich voluminöse Frisur gewesen sein. *Her mit einem Schmatz oder ich fress Dich mit Haut und Haar!*, forderte Strauß in einem seiner Briefe, *an den Haaren allein hätte ich 50 Jahre zu kauen … seitdem mir aber die oberen Zähne fehlen, dürften es wohl 100 Jahre werden!*

Nur wenige Wochen vor dieser Hochzeit war Strauß' erste Frau Jetty einem Schlaganfall erlegen. Tout Vienne wohnte damals dem Begräbnis bei, nur nicht ihr Witwer – Johann Strauß hat zeit seines Lebens keinen Friedhof betreten. Wegen seiner panischen Angst vor dem Tod durfte niemand in seiner Gegenwart das Wort *sterben* auch nur erwähnen. Mit Jetty verlor Strauß neben der Ehefrau auch eine Managerin, Krankenschwester und Ersatzmutter. Um zehn Jahre älter, hatte sie 1862 sieben Kinder mit in die Ehe gebracht, zuvor war sie die langjährige Mätresse eines Bankiers gewesen. Die Hietzinger Villa, die Strauß mit ihr bewohnt hatte, verkaufte er Hals über Kopf, nichts sollte ihn an den Tod erinnern.

Ob er bereits zu Jettys Lebzeiten ein Verhältnis mit Lili begonnen hatte, lässt sich nicht mehr feststellen. Jedenfalls »kann und will ich nicht alleine sein«, so begründete er später einem Freund, warum er der Soubrette unmittelbar nach Jettys Tod den Hof gemacht und sie danach sofort geheiratet hatte.

Das ungleiche Paar bezog nach der Hochzeitsreise das Palais mit Renaissancefassade in der Igelgasse 4 auf der Wieden. Bald zierten Möbel und Kunstgegenstände im damals so beliebten Makart-Stil die Räume der beiden Stockwerke und der Garten erhielt Pavillon und Brunnen samt der Donauweibchen-Figur, die heute im Wiener Stadtpark steht.

Eine zeitgemäße Hausfrau wurde aus Lili jedoch nie. Sie wollte Unterhaltung und war versessen auf ein turbulentes Gesellschaftsleben, wo sie sich mit ihrem neu erworbenen Status als »Walzerkönigin« in Szene setzen konnte. Lili wollte tanzen, tanzen, tanzen, ihr Johann aber nicht – er, der Superstar der Tanzmusik, hat es weder gelernt noch jemals gemocht.

Im Hause Strauß dürfte wenig Harmonie geherrscht haben. Lili hatte es sicher nicht leicht mit ihrem exzentrischen und menschenscheuen Ehemann. »Seine Musik«, so schreibt Robert Dachs in seiner ungewöhnlichen Biografie *Johann Strauß: »Was geh ich mich an?!«*, »ist Lebensfreude pur, hell, leicht und beflügelnd, aber eine Reise durch seine Psyche gleicht einer Fahrt mit der Geisterbahn«: Er war ein von Melodien Gehetzter, der auch an den schönsten Sommertagen lieber im dunklen Zimmer hockte, weil er die Sonne nicht leiden konnte. Als Lieblingsfarbe nannte er einmal *Aschgrau*. Dazu passt seine pathologische Angst vor dem Tod. Obwohl bereits damals der Millionär unter den Wiener Komponisten, fürchtete er ständig zu verarmen und zeigte manchmal krankhaften Geiz. Eisenbahnfahrten verglich er mit »aufgehängt werden«. War er auf Tourneen gezwungen, einen Zug oder ein Schiff zu besteigen, ertrug er das nur im Champagnerrausch.

Strauß selbst sprach von sich als »Walzerfabrikant«, als »Komponiermaschine«, die »arbeitet wie ein Fiakerross«. An die 500 Walzer, Märsche, Quadrillen, Polkas und Operetten sind von dem manischen Workaholic hinterlassen. Am liebsten komponierte er nachts.

Wenn sich Lili die Protektion ihres einflussreichen Ehemanns erhofft hatte, so wurde sie enttäuscht. Nach der Hochzeitsreise erschien eine Pressenotiz: »Johann Strauß hat … kategorisch erklärt, dass seine Gattin die Bühne nicht betreten werde.«

Die Nähe fremder Menschen musste Strauß zwar bei seinen Auftritten ertragen, privat war ihm diese aber verhasst. Nur im ausgewählten Freundeskreis gab er sich gelöst und gesprächig, etwa beim geliebten Billardspiel in seinem Palais. Er besuchte nie ein Kaffeehaus, las keine Bücher, ging nicht spazieren und zeigte sich nur in der Öffentlichkeit, wenn es sich nicht vermeiden ließ.

Dass diese Vorlieben kaum mit jenen seiner um ein Vierteljahrhundert jüngeren, lebenslustigen Frau harmonierten, überrascht nicht. Freunden fiel bald auf, dass es in der Ehe kriselte. Als Lili 1882 in Franzensbad zur Kur weilte, schlug sie ihm vor nachzukommen. Strauß aber wollte lieber auf seinem Landgut Schönau, in der Nähe von Baden, seine Ruhe haben. Lili blieb länger als geplant und einen Brief an sie beendete er in jener Zeit ahnungsvoll: *Nun lebe wohl, liebe Lili, lass dich recht abbusserln, aber lauf mir nicht davon!*

Seine Briefe wurden den Sommer über immer flehender: *Geliebtes Drutscherl Lili! Dein Mann ist halt schrecklich nervös geworden – er hat viel, viel in seinem Leben geistig gearbeitet – die Nerven lassen halt immer mehr nach … Wenn du mir böse bist –*

dass ich dich so viel mit meinem Geschreibsel malträtiere – bleibt mir nur noch das Erschießen übrig, also sei's nicht! (Juli 1882.) *Mein geliebtes Weib! Mein Hirnkastel ist sehr schlecht – ich leide fortwährend an Schwindel und nervösen Zuckungen im ganzen Körper. Ich arbeite seit ein paar Tagen gar nichts mehr – es ist mir nicht möglich. Ich habe gestern in meiner Aufregung dir so viel geschrieben, dass ich dich um Verzeihung bitte, dir die Arbeit des Durchlesens meines Briefes in solcher Länge auferlegt zu haben … Du willst doch nur Antwort auf deine mir so weh getane Aufforderung, dir mitzuteilen, dass ich mich töten soll …* (August 1882.) Strauß' Schwester Anna berichtete ihm im September, dass Lili schon seit längerem ein Verhältnis mit Franz Steiner, dem Direktor des Theaters an der Wien, habe. Er war geschockt, dachte daran, nach Paris auszuwandern, fühlte sich aber energielos und tat gar nichts. Lili ergriff die Initiative und reichte die Scheidung ein.

Strauß wurde schließlich mit seiner dritten Frau Adele, einem fürsorglichen Hausmütterchen, wieder glücklich. Bereits im Oktober 1882 gestand er der um 33 Jahre jüngeren Witwe seine Liebe, im Jahr darauf zog sie bei ihm ein. Da er als geschiedener Katholik keine weitere Ehe eingehen durfte, traten beide zum evangelischen Glauben über und heirateten 1887.

In Adeles Armen starb Johann Strauß, 74-jährig, im nachtschwarz möblierten Schlafzimmer seines Palais in der Igelgasse. Im selben Jahr 1899 wurde diese in Johann-Strauß-Gasse umbenannt. Das Palais, fünf weitere Häuser und das riesiges Barvermögen des Walzerkönigs erbte die *Gesellschaft der Musikfreunde in Wien* mit der Auflage, daraus eine Jahresrente für Adele auszuzahlen. Schon im Jahr darauf verkaufte die Gesellschaft das Palais an Private. Durch einen Bombenangriff im Herbst 1944 wurde es vollständig zerstört. Heute steht an dieser Stelle eine moderne Wohnanlage.

Johann Strauß ist immer noch weltberühmt und zahlreiche Biografien wurden über ihn verfasst.

Über Lilis weiteres Leben finden sich nur Randnotizen. Ihr Lebensgefährte Franz Steiner muss bereits zwei Jahre nach der Scheidung das Theater an der Wien aufgeben – Strauß hat es boykottiert und dort keine seiner Operetten mehr aufführen lassen. Lili geht mit Steiner nach Deutschland, wo die beiden heiraten. Bald darauf lässt er sie aber sitzen und wandert nach Amerika aus. Wann genau Lili nach Österreich zurückkehrt, weiß man nicht. Völlig verarmt stirbt sie 1919 in Bad Tatzmannsdorf an Krebs. In ihren letzten Lebensjahren konnte man sie manchmal um die Strauß-Villa in Schönau spazieren sehen. Ihre Briefe sind verschollen. Einem Redakteur hat sie nach dem Tod des Walzerkönigs anvertraut, sie habe *von frühester Kindheit Liebe* zur Musik von Johann Strauß empfunden.

DER DOM UND DER TOD

Wer als kräftiger Jüngling die luft'gen Gerüste erklommen,
Steigt erst herunter als Greis, doch es ersetzt ihn sein Sohn,
Diesen wieder sein Enkel, und als nun endlich der letzte
Für die Spitze des Turms windet den schimmernden Kranz,
Siehe, da kann er die Blumen auf dessen Grabe schon pflücken,
Welcher den Grundstein einst, gläubig vertrauend, gelegt!

(»Auf den Dom zu Sankt Stephan in Wien«,
Friedrich Hebbel)

Unzählige Menschen strömen Tag für Tag in den Stephansdom, sowohl Touristen als auch Einheimische. Sie bewundern seine außergewöhnliche Architektur, die dreischiffige Halle, die Adolf Loos einst den *weihevollsten Innenraum der Welt* genannt hat, den barocken Hochaltar und viele weitere sakrale Kunstwerke, darunter angeblich wundertätige Gnadenbilder. Vielen der Besucher ist beim Gang durch die Kathedrale allerdings eines nicht bewusst: Sie befinden über einem gigantischen Massengrab.
Diese unterirdische Totenstadt reicht weit hinaus auf den Stephansplatz und nur Teile von ihr sind heute zugänglich, schließt man sich einer Führung durch die Katakomben an. Erst vor kurzem renoviert, haftet der gut beleuchteten Herzogsgruft ebenso wenig Unheimliches an wie jener, in der die Särge Wiener Bischöfe aus drei Jahrhunderten in Kammern übereinander gebettet liegen. Kurios erscheinen höchstens die mehr als siebzig Urnen in Nischen, durch Drahtgitter abgeschirmt. Während die einbalsamierten Leiber der toten Habsburger in der Kapuzinergruft ruhen und ihre Herzen in der Augustinerkirche, enthalten die Urnen unter dem Stephansdom bloß deren *Intestina*, die Eingeweide. Wesentlich schauriger präsentieren sich schon die *Neuen* Katakomben, 1744 angelegt. Damals war der Fried-

hof rund um den Dom, der *St. Stephans Freithof*, lange schon für weitere Bestattungen geschlossen und die vorhandenen Grabräume unter der Kathedrale konnten die Toten nicht mehr fassen. So begann man diese Gruftanlage zu erweitern und auch die Kellerräume der umliegenden Häuser einzubinden. Man errichtete Kammern und stapelte darin die Särge bis an die Decke. Waren sie voll, wurden sie zugemauert. Elftausend Menschen fanden allein hier ihre letzte Ruhe, ehe Kaiser Joseph II. schließlich aus hygienischen Gründen 1783 die Auflassung aller Friedhöfe innerhalb der Stadtmauern verordnete. Totenleuchten und Grabsteine des *Stephans Freithofs* versetzte man an die Kirchenmauern, für den Domplatz wurden die Gräber planiert und die Überreste der hier Bestatteten in die Katakomben gebracht. Deren enge, niedrige und schlecht beleuchtete Gänge lassen heute nur erahnen, welch schaurigen Anblick diese barocken Grüfte einst geboten haben.

Einer der ältesten erhaltenen Augenzeugenberichte stammt aus dem Biedermeier. 1836 hielt sich die englische Reiseschriftstellerin Francis Trollope einen Winter lang in Wien auf. Neben Bällen und Banketten ließ sie sich auch die Gelegenheit nicht entgehen, hinabzusteigen in diese Nekropolis: Die *Wände aus menschlichen Gebeinen*, durch die sie ihr Führer im dürftigen Schein von Fackeln und Kerzen geleitet, nennt sie noch einen Anblick, den man *natürlicherweise in Grüften … erwarten musste*. Doch dabei bleibt es keineswegs, denn mit einem Mal *bot sich uns ein solches Bild, wie es mich sicher das ganze Leben hindurch in meinen Träumen verfolgen wird. Wir erreichten eine große, viereckige Gruft, in der unser Führer hielt, und indem er das Licht, das er trug, senkte, zeigte er uns auf dem Boden, der von ungeheuren Massen widerlichen Moders bedeckt war, einen Haufen ganz nackter, unbestatteter Leichen in den verschiedensten Lagen, wie sie nur der Zufall bewirken kann. Durch eine besondere Beschaffenheit der Luft, wahrscheinlich wegen des auffallenden Mangels an Feuchtigkeit, findet die Zersetzung, welche gewöhnlich dem Tode folgt, hier nicht statt. Die Haut ist stattdessen zu dickem Leder eingetrocknet, während die Form der Körper und in vielen Fällen sogar die Gesichtszüge so unver-*

ändert blieben, dass ihre grinsende Ähnlichkeit sie uns so ergreifend und entsetzlich wie nur möglich macht. … Nachdem unser Führer uns Zeit gelassen hatte, uns umzusehen … fasste er eines dieser kärglichen Überreste menschlichen Seins an der Kehle, hob die Leiche vor unseren Augen hoch, ließ sie vor uns stehen und schwenkte dabei seine Fackel so, dass wir sie in ihrer ganzen grässlichen Hässlichkeit sehen konnten. Dann verbreitete er sich dabei über ihre Größe und ihre guten Proportionen, ließ plötzlich die rasselnde Leiche fallen, hob eine andere auf … hob eine dritte, lehnte sie mit der Hand, in der er das Licht hielt, gegen seinen Körper und riss mit der anderen lange Streifen der vertrockneten Haut ab, um uns zu zeigen, wie zähe sie sei … ich kann nicht sagen, durch wie viele solche schrecklichen Höhlen wir kamen: das eine weiß ich aber, dass Fledermäuse an den Wänden hingen und unzählige Menschenleichen mich mit geöffnetem Mund angrinsten, als ich vorüberging …

Aber der gräulichste Ort von allen war ein Gewölbe, das durch eine Mauer aus augenscheinlich minder festem Stoff als das übrige Gebäude geschieden gewesen war. Viele Jahre lang, erzählte unser Führer, empfing die so geschiedene Gruft eine Menge Särge mit Leichen, die von oben hinuntergeworfen wurden, und zuletzt sei der Druck gegen die neue Seitenmauer so stark geworden, dass diese nachgegeben habe. Dieselbe hassenswerte Fackel, welche so oft schon vor uns geschwungen worden, war wieder tätig, uns den gähnenden Spalt zu zeigen, durch welchen sie in der Gruft, in der wir standen, gefallen waren. Einige waren im Fallen aufgesprungen und hatten ihre … Bewohner herausgeworfen, einen kopfüber, den anderen in solcher schauderhaften und scheußlichen Verwirrung, dass das Blut bei der bloßen Erinnerung daran in den Adern stockt. Mehrere dieser gähnenden Särge hakten sich im Fallen an und blieben hängen, und ich konnte nicht umhin, zu fürchten, dass, wenn sich jemand von uns plötzlich bewegen oder auch nur die Luft durch lautes Sprechen erschüttern sollte, eine andere schreckliche Lawine herunterrollen und uns unter ihren rasselnden Trümmern begraben möchte …

Dieser Bericht rief damals allgemeines Entsetzen hervor, denn bei den schaurigen Führungen dürfte es sich um die nur wenigen bekannte Privatinitiative einiger Kirchendiener gehandelt haben, die sich auf diesem Weg heimlich ein Zusatzeinkommen verschafften. Mrs Trollopes Schilderungen alarmierten nun aber eine breite Öffentlichkeit und sowohl Hofkreise als auch kirchliche Würdenträger zeigten sich unangenehm berührt. Die Führungen wurden verboten und die Grüfte gesperrt. Dieses Verbot erhöhte natürlich den Reiz der verborgenen Totenstadt nur noch mehr. Schon bisher hatte sie eine Aura des Geheimnisvollen umgeben. Immer wieder gelang es, das Besuchsverbot zu umgehen.

Auch Adalbert Stifter konnte so 1841 seinen literarisch verwerteten »Gang durch die Katakomben« antreten. Seine Impressionen unterscheiden sich wenig von jenen Francis Trollopes und bestätigen, dass die Reisende in ihrer Schilderung nicht übertrieben hat: *...Ein Berg von Moder stieg gegen die Gewölbemauer empor; aus ihm ragten Lappen von Gewändern heraus, mitunter Holzsplitter, oder es blickte ein Arm hervor, oder ein Fuß mit allen Zehen, oder eine zusammengekrümmte Gestalt saß auf demselben, eine andere lag der Länge nach, wieder andere standen aufrecht, und obwohl sie einst unverletzt gewesen waren und ihrer Art nach bleiben konnten, so mochte doch schon der Mutwille an ihnen manches verübt haben; denn viele derselben waren zerrissen, dass ein Arm herabhing, oder der Kopf oder Glieder fehlten – vielleicht hat auch teilweise Verwesung das Ihrige getan. ...Und wirklich traten wir jetzt an eine Stelle, wo man eine Schlussmauer durchbrochen hatte, und siehe: aus der Bresche ragten eine Unzahl Särge hervor, klafterhoch aufeinander geschlichtet, mit grässlichen Trümmern und Splittern herausragend aus der Finsternis des Gewölbes – die Zeit hatte Bretter und Fugen gelöset, dass ein ganzes Wirrsal derselben herabgeleitet dalag und oben in der Öffnung nackte Füße und Glieder der Toten in die Luft herausstanden, verlassen von der schützenden und bergenden Wand ihrer Särge, ebenfalls bestimmt, auf den hängenden Brettern vorwärts zu gleiten und endlich wie sie herabzustürzen. ... Auch einen solchen aufgeschichteten Stoß von Kindersärgen sahen wir hervorblicken, einen übereinander geworfe-*

nen Haufen kleiner Häuschen, deren Bewohner starben, ehe sie lebten. Es tat unsäglich wohl, dass man von den Särgen keines der zarten Glieder hervorragen sah, sondern alle verdeckt waren, wahrscheinlich ihres geringen Gewichtes wegen, das die Särge nicht aus den Fugen zu drücken vermochte …

Schaurig wirken die barocken Gewölbe noch heute, wenn auch die meisten zugänglichen Grabkammern leer stehen. Knochenberge bekommt man dennoch zu sehen, aber durch vergitterte Fenster, und man ahnt, warum früher Strafgefangene eine Arbeit verrichten mussten, für die sich sonst niemand finden ließ: Das säuberliche Aufschlichten von Gebeinen Tausender Toter aus aufgelassenen Grabkammern und die Umbettung der seinerzeit auf dem *St. Stephans Freithof* im Schutz des Doms Bestatteten, nachdem dieser aufgelassen worden war und dem urbanen Stephansplatz weichen musste.

Auch die herabgeworfenen Särge sind verbürgt. Als der *Schwarze Tod* in Wien wütete, füllte sich die Totenstadt ungeheuer schnell. Die Leichen, mit oder ohne Sarg, wurden auf so genannten *Pestrutschen* in die Gewölbe befördert, waren diese zum Bersten gefüllt, hat man sie schnell noch vermauert. Wohl oft nicht besonders gründlich, denn es wird berichtet, dass penetranter Verwesungsgeruch die Gläubigen während der Messen manchmal arg strapaziert haben soll.

Pietätlose Anblicke bleiben dem heutigen Besucher erspart. Allerdings fällt auf, dass während einer Führung keiner gerne als Letzter gehen möchte. So manche dunkle Nische und unbeleuchtete Kammer findet sich neben dem Weg, lässt hier den grün schimmernden Metallsarg eines wohlhabenden barocken Zeitgenossen erahnen und dort eine Anhäufung menschlicher Überreste, die unter wesentlich beengteren Verhältnissen ruhen. In dieser Umgebung verwundert es nicht, zu hören, Besucher würden immer wieder von huschenden Schatten berichten, die aber nicht jene der *lebenden* Teilnehmer einer Führung seien.

Spuk in St. Stephan? In alten Büchern findet sich so manches darüber, größtenteils scheint es sich dabei aber um literarische Einfälle zu handeln, deren vielleicht wahrer Kern sich dem heutigen Leser entzieht. Besonders die Sagen und Legenden, die sich um den Dom ranken, handeln in erster Linie, wie die meisten in Wien, vom Teufel und vom schlussendlichen Sieg des Guten, von der gerechten Strafe missratener Charaktere und von moralischen Richtlinen für die Christenmenschen. Generationen von Pädagogen und geistlichen Sittenwächtern haben die ursprünglich überlieferten Erzählungen weitgehend in ihrem Sinne umgeschrieben, sodass heute nur äußerst selten Gespenster in den Sagen der Stadt erwähnt werden. Ein vernünftiger Mensch hat an solchen Unsinn ja nicht zu glauben. Zwei solcher Geschichten konnten wir dennoch finden. Eine davon eine klassische Sage, die andere ein Bericht über Ereignisse aus den achtziger Jahren des 20. Jahrhunderts.

In der Weihnachtsnacht des Jahres 1363 sitzt der greise Pfarrherr von St. Stephan, Graf Albrecht von Hohenberg, in seiner Stube und liest in einer alten, vergilbten Pfarrchronik. So vertieft ist er in das Buch, dass er kaum das Stürmen des Nordwinds vernimmt, der über den Friedhof braust und an seinen Fenstern rüttelt. Sinnend macht er sich nochmals daran, die krausen Buchstaben zu entziffern, deren Bedeutung ihm so merkwürdig erscheint:

»Wen du in der Christnacht erschaust im Gotteshaus,
angetan mit dem Sterbegewand, dem löscht der Tod
die Lebensleuchte aus, noch eh ein Jahr vergangen.«

Der alte Priester schüttelt den Kopf. Diese Worte musste wohl jemand geschrieben haben, der gern fabulierte.

Durch die düstere Nacht, das Brausen des Sturms übertönend, gelangt plötzlich ein vielstimmiger Choral vom Dom her an das Ohr des lauschenden Greises. Was kann das sein? Eine Beterschar? Zu dieser späten Stunde? Erstaunt tritt er ans Fenster, blickt hinüber zur Kirche und gewahrt durch den weißen Schleier dichten Schneegestöbers hellen Lichtschein, der aus den Bogenfenstern dringt. Kurz entschlossen hüllt sich Graf Hohenberg in seinen Mantel und schreitet, den Kirchenschlüssel in der einen, die Leuchte in der anderen Hand, über den verschneiten Friedhof dem Tor des Gotteshauses zu.

Knarrend öffnet sich die Pforte und festen Schrittes tritt der

Geistliche in das Kirchenschiff. Doch erstaunt hält er inne, als sein Blick auf die schier unermessliche Menge der Beter fällt, die Kopf an Kopf die weite Halle füllen. Auch im Chor drängen sich viele Menschen, kein Platz scheint mehr frei. Während er rundum blickt, meint er so manches Gesicht zu erkennen, junge und alte, ja nahezu sämtliche Seelen seiner Gemeinde sind hier versammelt. Erschrocken erkennt er mit einemmal, dass alle graue Gewänder tragen, Totenhemden. Die hier Versammelten wohnen einer Messe bei, denn nun erblickt er einen Priester vorne am Altar. Aber als dieser sich umwendet, sieht Graf Hohenberg sich selbst dort stehend, seine eigene Gestalt. Nun tragen ihn seine Beine nicht länger und er sinkt zu Boden. Da schlägt es 1 Uhr vom Turm und mit einem Mal ist der ganze Spuk vorüber.
Allein findet sich der Geistliche in dem langen Kirchenschiff, das finster und menschenleer vor ihm liegt. Ein großes Unglück ahnend kehrt er langsam wieder in den Pfarrhof zurück.
Fein säuberlich trägt er nun die Namen all derer, die er in dieser Nacht im Totenhemde gesehen hat, in die Kirchenchronik ein. Und ans Ende dieser langen Liste setzt er seinen eigenen Namen: Graf Albert von Hohenberg.
Ein Jahr später, am Weihnnachtsabend 1364, wird in der Wienerstadt nicht mehr gefeiert. Tausende hat die Pest schon dahingerafft, darunter all jene, die der Geistliche gesehen hat. Und auch er selbst ist dem schwarzen Tod bereits zum Opfer gefallen.
Die alte Chronik mit der Liste der Todgeweihten findet sich noch heute in der Pfarre von St. Stephan.

Womöglich wird diese erwähnte Chronik in der alten Bibliothek im Pfarrhof von St. Stephan, gegenüber dem Dom, verwahrt. Einige der kostbaren Bücher hier enthalten Handschriften aus dem 14. Jahrhundert. Es sind Originale, kunstvoll gebunden und in Vitrinen verwahrt. Ihr Wert lässt sich mit Geld nicht bemessen. Der Raum liegt auch bei Tageslicht im Halbdunkel und wirkt daher etwas unheimlich. Auch das dunkle Holz der Regale und der schwere Geruch uralter Bücher tragen dazu bei. Nachts ist die Bibliothek schwach beleuchtet, weil von

ihr einige niedrige Holztüren zu Kammern führen, in denen Theologiestudenten untergebracht sind. Und an einer Stelle zweigt ein schmaler Gang von ihr ab – er führt zu den Toiletten.
Es war Mitte der achtziger Jahre, als ein hier wohnender Student nächtens ein menschliches Bedürfnis verspürt und deshalb seine Kammer verlässt. Im diffusen Licht bemerkt er verwundert, dass er zu dieser späten Stunde nicht der einzige im Pfarrhof ist, der keinen Schlaf finden kann. Vor einer geöffneten Vitrine steht ein ihm unbekannter Priester im schwarzen Talar, in den Händen hält er ein aufgeschlagenes Buch und scheint sehr vertieft in seine Lektüre zu sein. Um die Konzentration des Fremden nicht zu stören, verzichtet der junge Mann darauf, ihn anzusprechen, und schleicht an der Wand entlang zu seinem Ziel.
Als er wieder in die Bibliothek tritt, ist der nächtliche Besucher verschwunden. Der angehende Theologe wundert sich nun. Er hat keinen Laut gehört, keine Schritte, keine Tür ist ins Schloss gefallen. Wie kam der Unbekannte überhaupt hierher? Fremden ist der Zugang vor allem während der Nachtstunden untersagt und eigentlich sind ihm alle Geistlichen von St. Stephan bekannt.
Am nächsten Morgen erzählt er Bediensteten der Pfarre von seinem seltsamen Erlebnis. Die Leute hier kennen einander seit langer Zeit, irgendjemand muss ihm doch sagen können, um wen es sich bei diesem nächtlichen Eindringling handelte.
Und tatsächlich, die alte Haushälterin scheint überhaupt nicht verwundert und kann den Mann auch sehr genau beschreiben: eher klein gewachsen, mit schneeweißem Haar. »Ich hab ihn selbst schon öfters gesehen in den letzten Jahren und ihn außerdem noch gekannt. Damals war er noch am Leben.« Es handle sich um den Geist eines Dompfarrers, fährt sie fort, der bereits Anfang der fünfziger Jahre gestorben sei, unter furchtbaren Schreien und seelischen Qualen.
Ein betagter Priester ist hinzugetreten, hat das Gespräch mitgehört und gesteht nun, diese Erscheinung ebenfalls schon mehrmals gesehen zu haben. Manchmal, so erzählen nun die beiden alten Leute, sei auch eine Nonne in seiner Begleitung zu sehen. Zu seinen Lebzeiten habe sich hartnäckig das Gerücht gehalten, er habe mit dieser Frau ein Verhältnis gehabt. Und die-

sen Bruch seines Zölibats soll er bis zu seinem Tod nicht überwunden haben.
Als sich die Berichte über den nächtlichen Spuk häufen, beschließt man in der Dompfarre schließlich, das Grab des Ruhelosen am Zentralfriedhof neu einzusegnen. Auch im Stephansdom werden für den ewigen Frieden der armen Seele Messen gelesen. Seit dieser Zeit scheint der Priester im schwarzen Talar seine Ruhe gefunden zu haben, niemand erzählt mehr von nächtlichen Besuchern in der Bibliothek.
Auf unsere Frage hin konnte uns der Domarchivar bestätigen, dass sich die Geschichte so zugetragen habe. Er selbst habe noch einen der drei erwähnten Augenzeugen, den betagten Priester, gekannt. Dieser und die Haushälterin seien in der Zwischenzeit verstorben. Wohin es den jungen Studenten verschlagen habe, wisse er aber leider nicht.
Der Stephansdom birgt noch viele Geheimnisse, nur manchmal und oft überraschend gibt er sie preis. 2001 beschloss die Domverwaltung, es sei an der Zeit, die alte, rußende Warmluftheizung zu erneuern. Es war klar, dass bei Grabungsarbeiten in der historischen Erde auch archäologische Fundstücke auftauchen könnten, deshalb wurden die Spezialisten des Bundesdenkmalamts hinzugezogen. Die Erkenntnisse aus dieser so genannten »Notgrabung« waren verblüffend und zwingen dazu, die Geschichte des Doms und damit die Geschichte Wiens neu zu schreiben. Die Archäologen fanden Reste von Friedhöfen unter der Kathedrale, die hier niemand vermutet hatte. Und sie fanden prunkvolle Gräber aus einer Zeit, in der nach bisheriger Lehrmeinung bloß wenige Hirten die Ruinen des Römerlagers Vindobona bewohnt hatten. Die Steinsarkophage stammen aus dem 4. Jahrhundert. Und es waren offensichtlich Christen, die damals schon an dieser Stelle ihre letzte Ruhe gefunden haben, denn es wurden keinerlei Grabbeigaben entdeckt. Die Spuren deuten darauf hin, dass der Wiener Boden auch nach dem Zusammenbruch des Römischen Reiches kontinuierlich bewohnt und der Platz, an dem heute St. Stephan steht, schon viel früher als bisher vermutet, geweihte Erde war.

GRENZGÄNGER

Hollywood, 1999
Der neunjährige Cole ist ein überaus intelligenter und sensibler Bub, aber seine Mitschüler halten ihn für einen Spinner und nennen ihn *Psycho*. Cole, bereits schwer traumatisiert, zieht sich immer mehr in sich selbst zurück, da er über sein düsteres Geheimnis mit niemandem sprechen kann. Erst der Kinderpsychologe Malcolm Crowe erlangt schrittweise sein Vertrauen. Langsam tastet er sich an die Ursache von Coles zunächst unerklärlich scheinenden Angstzuständen heran. Der folgende Dialog ist eine der Schlüsselszenen des beklemmenden Films *The Sixth Sense*. Dr. Crowe, dargestellt von Bruce Willis, erfährt als Erster, was den Buben derart verstört.
Cole: Ich möchte Ihnen jetzt mein Geheimnis verraten.
Dr. Crowe: *Okay.*
Ich sehe tote Menschen.
In deinen Träumen? Cole schüttelt den Kopf.
Wenn du wach bist? Cole nickt.
Tote Menschen in Gräbern oder in Särgen?
Nein, sie laufen durch die Gegend wie normale Menschen! Sie können sich gegenseitig nicht sehen. Die sehen nur, was sie sehen wollen. Sie wissen nicht, dass sie tot sind.
Wie oft siehst du sie?
Die Antwort ist ein verzweifelter leiser Schrei: Die ganze Zeit! Sie sind überall!
Dr. Crowe glaubt ihm zuerst nicht, diagnostiziert eine massive schizophrene Störung und sieht sich außer Stande, den Buben zu therapieren. Erst nach einiger Zeit muss er erkennen, dass Cole die Wahrheit sagt, dass er, ohne es zu wollen oder gar beeinflussen zu können, von Wesen aus dem Jenseits heimgesucht wird – Verstorbene, deren Schicksale sie keine Ruhe finden lassen, und mit denen sie den Kleinen quälen. Gemeinsam entwickeln die beiden so ungleichen Protagonisten des Films eine Lösung. Dr. Crowe rät dem Kind, künftig seine Angst vor die-

sen Kontakten zu überwinden und die Geister zu fragen, was sie ihm denn mitteilen wollen. Das funktioniert, die Toten haben seine Nähe gesucht, da er als einer von ganz wenigen Menschen die Gabe besitzt, sie als das zu sehen, was sie sind – Seelen, die sich nicht von unserer Welt und ihrem irdischen Leben lösen können, weil sie gar nicht realisiert haben, dass sie bereits tot sind. Diese – Coles – Fähigkeit, gleichzeitig sein Fluch, gab dem Film den Titel – *Der sechste Sinn*. Nicht zufällig spielt die Handlung in Philadelphia. Coles Lehrer liefert im Drehbuch die Begründung: »Philadelphia ist eine der ältesten Städte dieses Landes. Viele Generationen haben hier gelebt und sind auch hier gestorben. Fast jeder Ort in dieser Stadt hat eine historische Geschichte zu erzählen.«

Wien, 2003

Verglichen mit »einer der ältesten Städte« der USA erscheint Wien wie eine greise Dame neben einem jungen Mädchen. Auch hier zu Lande finden sich Menschen, die über eine ähnliche Fähigkeit verfügen wie der kleine Cole auf der Leinwand. Mag diese Gabe nun antrainiert oder ein ihnen buchstäblich in die Wiege gelegtes Talent sein – sie sind *Grenzgänger*, nehmen mehr wahr als ihre Mitmenschen und scheinen auch zu wissen, was uns nach dem physischen Tod erwartet. Für sie ist es Gewissheit, was wir anderen vielleicht manchmal erahnen, dann, wenn wir einen kurzen, kalten Schauer verspüren: Manche haben diese Welt bereits verlassen, die nächste aber noch nicht erreicht. Sie sind überall und sie leben unter uns – die Geister der Toten.

Der sechste Sinn

Es ist doch eine allgemein menschliche Schwäche,
sich von unsicheren und unbekannten Dingen
allzu sehr in Hoffnung wiegen
und in Schrecken setzen zu lassen.

(Gaius Julius Caesar)

»Ich sehe Räumlichkeiten in der Oper ... Eine dicke Frau mit aufgestecktem Haar und langen Kleidern zeigt sich mir ... Auf einer Stiege hat sie einen Herzinfarkt erlitten, während der Arbeit, und ist dann gestorben ... Das war so eine Art Garderobenfrau ... ungefähr Mitte 50. Ihre Arbeit hat sie geliebt, besonders den Umgang mit all den wichtigen und berühmten Persönlichkeiten ... das muss noch zur Kaiserzeit gewesen sein, weil jetzt schwärmt sie vom Alexander Girardi, dem Volksschauspieler ... Sie huscht immer noch auf den Gängen hin und her und betreut die Gäste ... ich sehe, wie sie die Logentüren öffnet. Sie weiß schon, dass sie tot ist, kann sich aber nicht vorstellen, ihre Tätigkeit aufzugeben ...

Nun sehe ich einen älteren, kahlköpfigen Mann mit so einem blauen Arbeitshemd ... unter der Oper. Da muss es schwer zugängliche Gewölbe geben. Der sitzt da und zittert vor Kälte ... sagt mir, dass er da unten eingesperrt und vergessen worden ist. Vielleicht war das mal ein Zufluchtsort für Obdachlose, wenn es kalt war, weil ich sehe Rohre, offenbar ein altes Heizungssystem. Das ist aber noch nicht so lange her, späte vierziger, frühe fünfziger Jahre vielleicht. Der arme Kerl ist da unten verhungert, ... sehr langsam gestorben, während sich die Ratten an ihm vergriffen haben ... Sein Skelett hat man später gefunden und weggeräumt, aber sein Geist ist dort haften geblieben, der hat den Tod noch nicht realisiert ... Er kennt nichts anderes, will dort auch nicht weg, ist ausschließlich mit seinem Leid beschäftigt. Auch mit den Nagetieren hat er sich schon angefreundet ... Und die Menschen, die sich früher hin und wieder in diesen Keller verirrt haben, vielleicht Arbeiter, die hat der Mann als Eindringlinge empfunden. Er meint, das müssen wohl Gespenster gewesen sein …

Jetzt meldet sich ein dunkler Typ mit glattem, schwarzem Haar bei mir … ein ganz übler Geselle, ohne jede Moral. Er zeigt sich als etwa 40-Jähriger, sieht aber mit seinen tiefen Furchen im Gesicht sehr verlebt aus … Dieser Mann ist Kutscher gewesen. Sein Gefährt ist immer auf der Straße vor dem *Sacher* gestanden. Es handelt sich um so eine alte, hohe Kutsche mit Laternen vorne drauf, fast wie ein Leichenwagen. Das muss so etwa zur Biedermeierzeit gewesen sein. Er trägt einen schwarzen Anzug und einen Zylinder und in der Hand hält er eine Peitsche … Aber das alles war nur seine Tarnung. In Wirklichkeit war er der Kopf einer Räuberbande, Kutscher allein war ihm zu wenig – er zeigt jetzt mit dem Arm nach Norden … in Richtung Nussdorf, weit draußen, da hat er seine illegalen Geschäfte abgewickelt, scheint sich um Schmuggel oder so was gehandelt zu haben … Die Bande hat mehrere Leute gewissenlos ermordet; alle, die ihr Schwierigkeiten gemacht haben.«

Isabella Ambichl-Fischhof schließt erschöpft die Augen. Wir sitzen in einem kleinen Café, nicht weit von der Staatsoper entfernt, und die Sensitive hat uns soeben eine Facette ihrer Fähigkeiten demonstriert.

Die üppige Mittvierzigerin mit der lebhaft-lauten Stimme verfügt über eine seltene Gabe, die man auch den *sechsten Sinn* nennt: Das Medium aus dem 21. Wiener Bezirk sieht Tote und kann telepathisch mit ihnen in Kontakt treten. Die Geister senden ihr aus dem Jenseits Bilder und erzählen von ihrem Leben und Sterben. Empfindet sie diese Gabe nun als Gnade oder als Fluch?

»Weder – noch, es ist einfach wie ein zusätzlicher Kanal beim Fernsehen«, erklärt uns Ambichl-Fischhof, »ich hab damit mehr Auswahl beim Switchen, kann ihn aber auch jederzeit abschalten, wenn es mir zu viel wird. Ebendieser Kanal ist bei den meisten Menschen nicht aktiv, einfach verschüttet, weil sie Angst davor haben oder sich ganz einfach nicht dafür interessieren. Ich musste diesen *sechsten Sinn* auch schulen, die Arbeit an mir glich der einer Archäologin, die tiefer und tiefer gräbt und dabei auf immer mehr stößt. Dieser Prozess ist auch noch lange nicht abgeschlossen.«

Begonnen hat alles, erzählt uns die Wienerin, als sie im Alter von 17 Jahren eine Reise in die Schweiz zu ihrer Tante antreten sollte, wo sie noch niemals zuvor gewesen war. Damals sah sie in der Nacht vor dem Abflug das Haus der Gastgeberin und spürte, dass jemand sterben würde, dem sie zum Abschied die Hand reichte. Das Heim der Tante sah dann auch wirklich so aus wie in ihrem Traum, und als Ambichl-Fischhof zurückkam, war tatsächlich ihr Nachbar gestorben, der sich am Tag ihrer Abreise per Handschlag von der jungen Frau verabschiedet hatte.

»Das war aber erst der Anfang. So richtig los ging es, als ich zwanzig und bereits Mutter war. Ich saß damals wieder einmal beim Tischerlrücken und es meldete sich ein männlicher Geist, der mein Lehrer und Führer werden sollte. Er hat mich vom Jenseits aus mittels Telepathie und Astralträumen geschult. Seine Botschaften waren immer sehr schön und bunt und ich hatte dabei ein irrsinniges Glücksgefühl. Einmal zeigte er mir zwei Meter hohe goldene Ähren, die sich im Wind wiegten. Ich sah auch einen Garten voller Blumen und roch alles total intensiv. Es war faszinierend. Allerdings hängen die Bilder, die man aus dem Jenseits empfängt, vom Bewusstsein der Seelen ab, manche senden schöne, andere düstere Eindrücke. Es ist ähnlich wie im Diesseits, alles ist subjektiv. Wenn jemand nicht weiß, was für ihn das Paradies ist, dann kann er dort auch nicht hin. Und jeder Tote findet erst einmal das vor, was er zu seinen Lebzeiten hatte und tat. Wenn sich jemand sagt, das Paradies ist für ihn Wein trinken zu lustiger Heurigenmusik, dann wird er das drüben dann auch genau so vorfinden. Oder ein ewiger Nörgler, der sich in dieser Rolle wohl gefühlt hat, wird auf eine Ebene kommen, wo andere Nörgler sind, denn Gleiches zieht auch dort Gleiches an. Oft hat die Seele halt noch nicht viel gelernt, nicht begriffen, dass es weit mehr und Besseres gibt, und muss noch einige Male inkarnieren um sich zu verfeinern. Energetisch feinstofflichere Wesen von höheren Ebenen senden Vorschläge und es liegt an

jedem selbst, diese anzunehmen. Ins Paradies im göttlichen Sinn kommt man ja nur Schritt für Schritt, aber dieser Heurige zum Beispiel ist eben für denjenigen dann auch das Paradies.
Anfangs verwirrte mich das alles sehr, ich fürchtete um meinen Verstand. Auch meine Verwandten und Freunde reagierten mit Befremden und machten sich Sorgen um mich. Aber ich beschloss zu kämpfen, meine Fähigkeiten zu trainieren, mein Wissen zu erweitern, damit ich etwas Sinnvolles damit anstellen konnte. Heute sehe ich mich als Spurenleserin außerhalb von Zeit und Raum.«
Isabella Ambichl-Fischhof erzählt uns aus ihrer spirituellen Praxis. »Die meisten Menschen, die zu mir kommen, wollen einfach Kontakt aufnehmen zu einem verstorbenen Angehörigen. Manche fürchten sich auch vor undefinierbaren Geistern oder Dämonen. Die befreie ich dann von ihren Ängsten oder, falls wirklich vorhanden, von den Erscheinungen. Ich vertreibe Spuk, indem ich die Ursachen erfrage und dem Gespenst Aufmerksamkeit schenke.
Im Übrigen ist es für mich persönlich absolut unverständlich, warum jemand Angst vor einem Geist haben kann. Das ist völlig unbegründet, ein Geist kann einem ja nichts tun. Was auch immer er repräsentiert, es ist bloß eine andere physikalische Form als die unsere. Hier geht es eben um die Angst vor dem Unbekannten. Die Religion und die Wissenschaft haben sich ja nie offiziell mit diesen Dingen beschäftigt und dadurch Tabus geschaffen.«
Wir fragen, ob sie den Begriff Hexe mag? Nach kurzem Zögern lächelt Ambichl-Fischhof: »Schon, aber Hexe bedeutet eigentlich *Zaunreiterin*. Die Menschen sehen nur bis zum Zaun, die Bewohner der anderen Welt ebenfalls nur bis zu ihrer Seite dieser Begrenzung. Die Hexe allerdings reitet auf diesem Zaun und überblickt somit beide Welten. Den negativen Beigeschmack hat das Wort durch die völlig unsinnige Verquickung mit dem Satanismus erlangt. Hexen waren eigentlich Emanzen, Frauen, die unabhängig sein wollten und sich nicht in ein Schema pressen ließen, daher hat man sie eliminiert.« Fast scheint es so, als ob sie über sich selbst spricht.

Die Sensitive erzählt uns auch von ihrer Fähigkeit, Menschen und Orte innerhalb von Sekunden zu durchschauen beziehungsweise kennen zu lernen, beteuert aber gleichzeitig, dass sie niemals ungebeten in Leute hineinsehe, weil dieses Eindringen in die Intimsphäre anderer immer nur auf Wunsch geschehen dürfe.

»Möglich wird das deshalb, weil alles ständig Interaktion ist. Zum Beispiel prägt der Wohnort den Menschen ganz extrem, natürlich auch die Gesprächspartner, der Beruf und so weiter. Und – jetzt geraten wir wieder ins Esoterische – ebenfalls seine früheren Leben beziehungsweise die Vorleben seiner Mitmenschen. Durch telepathische Kontaktaufnahme mit den Jenseitigen kenne ich innerhalb kürzester Zeit das gesamte Dasein meines Gegenübers. Jedes Lebewesen ist ein Sammelsurium aus Vergangenem und Zukünftigem. Da es Zeit und Raum nicht in dem Sinn gibt, wie man diese Begriffe gemeinhin verwendet, mischt sich alles permanent. Wir alle tragen unendlich viele Seelen in uns, die meisten Menschen wissen nur nichts davon. Inkarnationen kann man haben, so viele man will. Und alle geschehen gleichzeitig, nicht nacheinander. Vergleichbar ist das mit einem Kuchen, der in, sagen wir, 12 Teile zerschnitten ist. Das eine Stück inkarniert, aber mit dem zweiten kann ich trotzdem kommunizieren, weil es ja immer noch ein Kuchen ist.

Aber ich sehe schon an euren Gesichtern, das ist jetzt zu weit gegriffen. Es ist auch ein langer und schwerer Prozess, sich diesem Denken anzunähern.«

Wie ist das nun mit dem Sterben, wie soll man sich diesen Übergang vorstellen?

Das Medium lächelt wissend. »Es macht natürlich einen Unterschied, ob man unerwartet aus dem Leben gerissen wird, etwa durch einen Unfall, oder ob man langsam stirbt. Einer, der zum Beispiel Krebs hat, tut sich in jedem Fall leichter, weil sich die Seele schön langsam zurückziehen kann. Da geschieht es auch, dass Jenseitige bereits mit dem Sterbenden kommunizieren, ihn quasi abholen kommen. Im Diesseits und Jenseits herrscht in Wirklichkeit ein Betrieb wie auf einem Bahnhof. Geht da jemand, kommt drüben wer an, und es gibt hier den Abschied

und die Tränen, dort das Willkommen und die Freude über das Wiedersehen. Und umgekehrt ist es genauso.«
Auf die Frage nach typischen Spukorten antwortet Isabella Ambichl-Fischhof, dass es so einen Platz für Gespenster nicht gebe. Denn überall hinterließen die Geschichte und ihre Akteure Spuren und Energien über die Jahrhunderte hinweg. Somit seien auch allerorts Geister anzutreffen. Zum einen die der Verstorbenen, die sich nicht lösen wollten oder könnten beziehungsweise nicht wüssten, dass sie tot sind. Zum anderen die der Lebenden, etwa die Gedanken der Menschen oder bloß Reste ihrer Ängste. Und alles zusammen würde ständig mit uns korrespondieren. Könnte nun jeder mit diesen Geistern kommunizieren, so das Medium, wäre er in der Lage, alles über sich und sein Leben zu erfahren, weil ja alles immer vorhanden sei und gleichzeitig ablaufe.
»Allerdings ist es nicht zwangsläufig so, dass Geister immer die Wahrheit von sich geben, man darf sich niemals auf ihre Aussagen verlassen. Aber sie sind sehr gut organisiert und auch diszipliniert, da sie immer nur hintereinander mit mir in Kontakt treten, auch wenn sie noch so dringend etwas loswerden wollen. Unser Internet ist ein Klacks im Gegensatz zu den Kommunikationsmöglichkeiten der Verstorbenen. Natürlich wissen die Geister, dass ich ein Medium bin und als eine von wenigen mit ihnen reden kann. Daher ist es ganz logisch, dass sie bei mir Schlange stehen. Und sie sind rücksichtsvoll, zeigen mir immer ihr letztes irdisches Gefäß, damit ich sie erkenne oder sie ihren Verwandten zum Beispiel richtig beschreiben kann. Sie könnten mir ja auch eine frühere Hülle präsentieren, immerhin gibt's genug davon, so viele, wie es vorherige Leben gegeben hat … das heißt für uns Menschen vorherige Leben, da die Zeit ein sehr diesseitiger Begriff ist, denn haben wir das Diesseits erst mal überwunden, spielt Zeit keine Rolle mehr.«
Ambichl-Fischhof überlegt einen Moment lang, dann fährt sie fort: »Es ist ja so, dass Menschen, die sich kennen, immer wieder zusammentreffen, in welchem Leben sie auch gerade sein mögen. Meist wissen sie nur nicht, dass sie bereits mehrmals Bekannte, Verwandte, Freunde oder was auch immer waren. Da

treten dann auch die karmischen Probleme auf. Meist hat man untereinander noch einiges abzutragen, zu bereinigen. Auf Grund der Gleichzeitigkeit ist es freilich ebenso möglich, dass man sich selbst über den Weg läuft. Wenn man also einen Wildfremden trifft und das Gefühl hat, den kennt man von irgendwoher, kann es ebenso ein anderes Ich von einem selbst sein.«

Hat die Sensitive ihre Fähigkeit schon einmal im Rahmen eines Kriminalfalles einsetzen können?

Sie schmunzelt: »Ja, ich bin schon ein paar Mal medial auf Verbrecherjagd gegangen. Allerdings habe ich damals auch immer wieder Warnungen aus dem Jenseits empfangen, ich solle die Finger davon lassen. Das ginge mich nichts an und sei gefährlich. Damit war für mich klar, dass ich diesen Weg nicht gehen sollte.«

Man müsse allerdings, will man die Botschaften der Geister verstehen und deuten können, die geschichtlichen Zuordnungen kennen. Ambichl-Fischhof selbst beschäftigt sich unter anderem mit der Kultur des alten Ägyptens und mit den Überlieferungen und Traditionen okkulter Verbindungen wie etwa der Rosenkreuzer oder des Ritterordens der Templer. Außerdem sei sie fasziniert vom Sufismus, einer mystischen Strömung im Islam. Und gerade von jenseitigen Anhängern all dieser Richtungen will Ambichl-Fischhof viele Informationen erhalten, die sie wiederum für ihre eigene spirituelle Entwicklung nützen könne.

Aus jüngerer Vergangenheit allerdings erhielt das Medium eine Botschaft während eines Vorgesprächs, das eine von uns mit Ambichl-Fischhof alleine führte. Die Betroffene möchte an dieser Stelle von diesem sehr persönlichen Erlebnis erzählen:

Isabella Ambichl-Fischhof gewährt mir erstmals Einblicke in ihre Welt und medialen Fähigkeiten, erzählt von Geistern und Dämonen, aber auch von Urlaubsplänen und ihrem Faible für die Türkei.

Plötzlich meint sie lapidar, dass sich gerade ein Toter zwischen uns gestellt habe und mit ihr kommunizieren wolle. Neugierig frage ich nach und erfahre, dass der Mann eher klein gewachsen sei, dunkle Haare und buschige Augenbrauen habe. An einen

Zufall denkend, bemerke ich eher beiläufig, dass die Beschreibung dieses Geistes exakt auf meinen vor vielen Jahren verstorbenen Vater passe. Als das Medium dann einen Namen empfängt, bin ich fast bereit, mir beim Kellner einen Cognac zu bestellen, obwohl ich so etwas normalerweise nicht trinke. Die für mich unsichtbare Gestalt soll Hans heißen und das war auch der Name meines Vaters!
Ambichl-Fischhof nickt wissend, meint, dass er stolz auf mich sei und mir in diesem Moment symbolisch einen Strauß Vergissmeinnicht überreiche. Dann folgen ein paar Details aus seinem Leben, die das Medium keinesfalls wissen kann. Er begründet angeblich auch, warum er sich nie bei mir »melde« – er meine, dass ich unbewusst wohl Angst vor einer solchen Erfahrung hätte. Als der mediale Austausch vorüber ist, denke ich »Auf Wiedersehen, Papa« und beschließe, demnächst einen Strauß Vergissmeinnicht auf sein Grab zu legen.

Von der Freiheit der Seelen

Erwarte nicht von Fremden,
Dass sie das für Dich tun,
Was Du selbst tun kannst.

(Quintus Ennius, römischer Dichter)

»Spuk kann zweierlei bedeuten«, erklärt Peter Hirnschall: »Entweder hat sich Restenergie eines Lebens in Räumen oder Gegenständen erhalten, ist sozusagen darin gespeichert – besonders anfällig dafür sind etwa Dinge aus Holz und Edelsteine. Oder aber, es ist wirklich der Energiekörper – nennen wir es doch einfach die *Seele* – eines Menschen, der nicht loslassen kann und vielleicht gar nicht weiß, dass er bereits tot ist. Der hat dann vergessen, in die andere Ebene überzugehen, glaubt noch immer, dass er unter uns lebt, und tut die Dinge, die er zu seinen

Lebzeiten gewohnt war zu tun. Vielleicht ist es ihm zu schnell gegangen. Etwa durch einen Unfall. Oder im Krieg – die Kugel trifft, der Körper fällt nach hinten, die Energie steht noch da und fragt sich: ›Was ist da jetzt passiert?‹
In unsere Welt passt diese Seele dann nicht mehr, zu einer anderen findet sie keinen Zugang. Man muss ihr daher klar machen, dass sie loszulassen hat. Sie muss erkennen, wie sie hinübergelangen kann, nicht jahrhundertelang etwa in alten Akten wühlen oder sich an Dinge klammern, die in ihrem physischen Leben Bedeutung hatten, jetzt aber nicht mehr.
Daneben gibt es auch noch andere Wesenheiten, etwa die Elementar- oder Foppgeister. Das sind jene, die sich dann beim Tischerlrücken melden und erzählen, sie wären der Satan. Die stehen auf einer sehr niederen Stufe.«
Wenn Peter Hirnschall über Leben, Tod und Jenseits spricht, klingt das stets einfach und nachvollziehbar. Der 41-jährige Döblinger mit dem offenen, freundlichen Bubengesicht hat 1998 seinen gut dotierten Job im mittleren Management in der Pharma- und Chemieindustrie endgültig an den Nagel gehängt, um sich ganz seiner eigentlichen Berufung widmen zu können: *Energiearbeiter* oder schlicht *Medium* sind wohl alles zutreffende Bezeichnungen. Aber wer kann sich darunter wirklich etwas vorstellen?
Hirnschalls Tun lässt sich schwer in knappe Slogans fassen. *Bewusstseinsentwicklung durch Licht im Herzen*, übertitelt er sein Seminarangebot im Internet. Hier finden sich einführende Workshops, wie *Mit eigenen Energien richtig umgehen*, *Die Grundlagen der Meditation* oder *Die vier Stützsäulen im Leben – Selbstachtung, Selbstwert, Selbstvertrauen, Selbstliebe*. Drängt sich hier die Bezeichnung »Guru« nicht geradezu auf?
»Nein, hoffentlich nicht«, verwehrt er sich, schelmisch lachend. »Ein Guru wird immer versuchen, andere zu beeinflussen. Das ist ein schlechter Lehrmeister, denn wo bleibt dabei die freie Entscheidung des Menschen? Ich bin Lebens-Reisebegleiter, auch Medium, und lehre die Leute, mit ihren Energien umzugehen. Sie werden Schritt für Schritt an ihre Opferrollen herangeführt. Das ist Bewusstwerdung: *Warum* fühle ich mich als

Opfer? *Wer* hat mir *was* angetan in meinem Leben? Ziel ist, dass man sich selbst mehr spürt und erfährt, wo die Energie in einem steckt. Warum verschwindet sie, wenn einem bestimmte Menschen entgegentreten? Warum fühlt man sich eingeengt durch deren Anwesenheit oder das, was sie sagen? Je mehr die Menschen von sich selbst erkennen, desto freier werden sie. Gefühl und Verstand müssen lernen, einander zu verstehen. Ist das einmal gelungen, beginnt der Mensch Schöpfer zu werden, er merkt: Ich bin, was ich ausstrahle. Alles was ich aussende, kommt, in welcher Form auch immer, wieder zu mir zurück.«

Ein Aspekt von Hirnschalls Arbeit ist *Space Clearing*, das Reinigen von Orten, Dingen oder auch Menschen von negativen Energien und ihren Begleiterscheinungen. Handelt es sich hier um Geisteraustreibung, das Auflösen von Spuk?

»Man könnte es so nennen. Ich kann zum Beispiel die Energie eines Gegenstandes abrufen. Wenn ich ihn bewusst berühre, muss man sich das wie einen Film vorstellen, der dann in meinem Kopf abläuft.

Ich erinnere mich etwa an die riesige Wohnung einer älteren Dame, einer Witwe, hier im 19. Bezirk. Zusammen mit ihrem Mann, einem Politiker, hatte sie viele Reisen unternommen. Die Einrichtung war daher ein Sammelsurium von Antiquitäten und Gastgeschenken aus aller Herren Länder. Noch Jahre nach dem Tod ihres Mannes fühlte sich die Frau unbehaglich und ständig bedrückt. Diese Stimmung konnte sie einfach nicht zuordnen.

Ich kam also in diese Wohnung und nach einer gemeinsamen Meditation begann ich zu räuchern. Überall standen alte Möbelstücke, die, jedes für sich, im Lauf der Jahrhunderte natürlich einiges erlebt hatten. Schließlich gab es einen Raum, wo ich negative Energie sehr deutlich fühlen konnte. Ein großer hölzerner Sekretär und ein Kasten, voll gestopft mit alten Akten, strahlten besonders aus. Als *Clearer* geht man, energetisch natürlich, in die Gegenstände rein.

Als ich das tat, hörte ich plötzlich Kanonendonner und Schreie, gebrüllte Befehle und Schlachtenlärm. Da war sehr viel Blut und Tod, schlimme Geschichten. All das zog an mir vorbei. Wenn man da nicht aufpasst und sich nicht schützt, kann das sehr stark auf einen übergreifen. Ich erzählte der alten Dame von meinen Empfindungen und fragte, was das für Akten seien in diesem Kasten. Sie wusste sofort Bescheid, denn das waren Originaldokumente ihres Onkels, eines k. u. k. Generals. Der war 1917 an den Vorbereitungen zur 12. Isonzoschlacht beteiligt gewesen. In jenem Kasten befanden sich die Schlachtpläne und allerlei Generalstabspapiere im Zusammenhang mit dieser Offensive. Und am Sekretär hatte er an der Strategie getüftelt. Papier, ja Holz überhaupt, ist ein gutes Speichermedium. Meine Aufgabe war es nun, diese Energien abfließen zu lassen und stattdessen neue, zu der besagten Dame passende, einzusetzen. Seither fühlt sie sich in ihrer Wohnung wieder wohl.«

Solche energetischen Blockaden, weiß Hirnschall, nehmen viele Menschen, auch weniger sensible, wahr. Sie schlafen dann schlecht, haben das unbestimmte Gefühl, nicht allein zu sein, oder sogar beobachtet zu werden. Oft hat sich in solchen Fällen wohl etwas erhalten, was längst nicht mehr hierher gehört, bloß noch ein Störfeld bildet. Es muss also nicht immer der klassische Poltergeist sein, der mit Gegenständen um sich wirft und den Leuten das Leben schwer macht.

Hirnschall wirkt jung, lebensfroh, aber dennoch abgeklärt – einerseits wie der nette Kerl von nebenan und andererseits fast wie ein Weiser, den man aufsucht, sobald man einen Rat benötigt. Und auf alle Urfragen der Menschheit – *Woher kommen wir? Wohin gehen wir?* und *Was ist der Sinn des Lebens*? – hat er für sich eine Antwort gefunden.

Die Seele, der feinstoffliche Energiekörper des Menschen, ist für Hirnschall unsterblich. Um zu lernen, reinkarniert sie immer wieder und hat die Freiheit, im Laufe der Zeit alle Möglichkeiten auszuprobieren und alle Wege zu gehen. Gut und böse, Sünde und dergleichen, nennt Hirnschall »menschliche Bezeichnungen, die wir geprägt haben, um unserem Dasein hier auf der Erde eine Ordnung zu geben. Für die Seele sind diese Unterschiede bedeutungslos. Sie ist neugierig, will alle Aspekte des Lebens kennen lernen, auch jene, die wir als negativ bezeichnen, etwa Krankheit und Leid, bis hin zum Mord oder Selbstmord. Die eigentliche *Hölle* ist die Welt, in der wir leben. Für die Seelen ist das ein Spielfeld, wo sie während unzähliger Reinkarnationen alle Erfahrungen machen können, die es gibt. Am Ende dieser spirituellen Evolution steht die Verschmelzung mit dem Höchsten im Universum – wir können das gerne als Gott bezeichnen. Weitere Reinkarnationen sind dann nicht mehr notwendig.«

Was passiert also mit uns, wenn wir sterben? Wie soll man sich das Jenseits vorstellen?

»Wenn jemand stirbt, dann folgt eine Zwischenphase in der Astralwelt. Dort reflektiert er sein Leben – wie ist es abgelaufen, was hat er gelernt? Er entscheidet dann selbst, als was er zurück will, um seine Entwicklung fortzusetzen. Symbolisch schreibt er drüben dann sein *Drehbuch* für die nächste Inkarnation. Er sucht sich das Umfeld aus, in das er hineingeboren wird, seine Eltern, die Möglichkeiten, die ihm dadurch offen stehen. Alles unter dem Gesichtspunkt, dass er in seiner spirituellen Entwicklung fortschreiten kann. Im Leben sind dann immer wieder Punkte mit verschiedenen Abzweigungen eingeplant. Was passiert, wenn ich diesen Weg nehme, was, wenn ich mich für den anderen entscheide? Weiter geht's bis zur nächsten Abzweigung und so fort. Lerne ich während meiner Jahre im Diesseits nichts, etwa weil mir das Bewusstsein fehlt, dann komme ich so oft unter ähnlichen Umständen wieder, bis ich es schließlich kapiert habe. Andererseits gibt es welche, die wollen sich nicht weiterentwickeln, sie sind einfach da, um anderen etwas zum Lernen zu geben.«

Unser Schicksal wäre somit also nicht vorbestimmt, aber vorgeplant. Wenn man aber schon die Chance hat, sein eigenes Drehbuch zu schreiben, warum sollte man dann nicht bloß darauf achten, auf der Erde eine möglichst angenehme Zeit zu verbringen?

»Die Seele weiß, was sie tut. Sie wird es sich nicht so einfach machen, weil sie ja *alle* Aspekte kennen lernen möchte. Krankheit etwa ist ein Beispiel. Warum wird man krank? Lebt man unbewusst und verpasst alle Abzweigungen im Leben, die man sich eingerichtet hat, oder geht permanent den *falschen* Weg, kann es sein, dass der Körper mit Krankheit reagiert. Vielleicht möchte ich aber lernen, mit meinem Leiden umzugehen. Nicht zu sagen: ›Warum ausgerechnet ich, wo ich doch immer nur brav gearbeitet habe? So viele Trottel rennen herum, warum trifft's gerade mich?‹ – Wie oft bekommt man das nicht zu hören?«

Und die Menschen, denen man begegnet, sind das nun Seelen, die man von *drüben* kennt?

»Nicht alle natürlich, aber stellen wir uns jetzt die Seele vor, wie sie an ihrem Drehbuch für eine künftige Reinkarnation schreibt. Sie kann etwa mit einer anderen vereinbaren: ›In diesem Leben möchte ich Vergebung kennen lernen. Du darfst mich nun hauen.‹

»Das passiert dann so lange, bis sie draufkommt, sie muss demjenigen aus reinem Herzen vergeben können. Hat sie das gelernt, dann kann sie weitergehen, hat sie's nicht gelernt, dann trifft sie den anderen immer wieder, in vielen Leben, und der *haut* sie dann eben auf irgendeine Art und Weise – Männlein, Weiblein, Kind, Erwachsener, Missbrauch, was auch immer.«

Wird damit nicht alles entschuldbar? Jedes menschliche Leid könnte man dann dahingehend betrachten, dass es sich derjenige ja selbst ausgesucht hat?

»Gut, böse, Liebe, Hass, Vergebung, all das gilt es zwar zu erfahren«, meint Hirnschall, »je weiter einer aber fortschreitet in seiner Entwicklung, desto höher und feiner wird seine Energie. Wenn ich eine relativ hohe Bewusstseinsstufe erreicht habe, werde ich natürlich alles vermeiden, was mich in dieser Entwicklung zurückwirft. Bewusst einen Mord begehen etwa oder generell jemand anderem bewusst Schaden zufügen. Auf dieser spirituellen Ebene hat man diese Erfahrungen ja bereits hinter sich. Insofern gibt es hier sehr wohl eine Ethik. Je feinfühliger jemand wird, desto leichter durchschaut er, welchen Weg er nehmen soll. Vielleicht ist es seine Aufgabe, anderen zu helfen.

Nehmen wir Mutter Teresa als Beispiel. Nach allem, was ich über diese Frau weiß, war sie wohl eine Seele, die es vielleicht gar nicht mehr nötig gehabt hätte, nochmals auf die Erde zu kommen. Sie tat es trotzdem, weil sie es eben wollte. Sie stammte aus reichem Haus und hat sich entschlossen, für die Ärmsten

der Armen etwas zu schaffen. Bis ins hohe Alter hat sie alles durchgemacht und sämtliche Krankheiten Indiens haben ihr nichts anhaben können.

Je höher eine Seele entwickelt ist, desto weiter ist sie normalerweise von der Erde entfernt. Sie reinkarniert dann nicht mehr, weil alle Erfahrungen, die sie hier machen kann, bereits hinter ihr liegen. Auch *drüben* gibt es verschiedene Hierarchien und Ebenen, die miteinander nichts zu tun haben. Zwischen den Stufen gibt es aber Mittler. Ob man die nun Engel, Schutzgeister oder spirituelle Helfer nennt, ist egal. Auf Grund ihrer hohen Energie ist es für die natürlich nicht einfach, hier herunterzusteigen. Das muss ein ähnliches Gefühl sein, wie für einen Mitteleuropäer, der zu Fuß etwa durch afrikanische Slums wandert; nicht als Tourist, sondern tagtäglich. Das ist alles eine Frage der Schwingungen.«

Angesichts des scheinbar absurd und willkürlich passierenden menschlichen Leids mögen Hirnschalls Theorien vielleicht anmaßend klingen. Welchen Grund hätte dann etwa das Leben eines Kindes, das nach wenigen Tagen stirbt? Wo liegt hier der tiefere Sinn?

»Es wollte vielleicht diese Erfahrung machen. Oder die Eltern wollten die Trauer, die Verzweiflung über diesen Verlust kennen lernen. Es gibt einen Sinn dahinter. Gläubige Menschen sagen dann: ›Gott allein weiß warum.‹ Aber auch die Seele des Kindes weiß, warum es so gekommen ist.«

Weshalb glaubt Hirnschall mehr über Himmel und Erde zu wissen als andere Menschen? Woher nimmt er seine Antworten und seine Überzeugung?

»In den letzten 20 Jahren habe ich mich immer mehr in diese Materie vertieft und am Anfang in Frank Jones einen großartigen Mentor gefunden. Der ist nun 83 Jahre alt und arbeitet seit 1948 als Medium. Bei ihm habe ich vieles gelernt; andere Lehrer gab es auch, aber er war mein Wegbereiter. Niemals wollte er mir etwas aufzwingen, hat immer betont: ›Schau dir das alles an, überprüf es für dich und du wirst sehen.‹ Fünf Jahre Meditation folgten, teilweise in den USA. Anfangs geht es hauptsächlich ums Geschehenlassen. Fähigkeiten, die in mir

geschlummert haben, konnte ich so weiterentwickeln. Energieübertragung oder das Wahrnehmen von Wesenheiten haben sich dann ergeben. Über diese Fähigkeiten verfügt jeder Mensch und jeder kann das lernen. Die einen tun sich halt leichter, die anderen schwerer. Am Beginn hatte ich natürlich Angst, das ist normal. Aber mit einer guten Begleitung kann es sehr rasch gehen, wenn man weiß, was man tut und wie man sich schützt. Ohne diesen Schutz wäre das höchstgefährlich. Mit der Zeit findet man heraus, was für einen die *Wahrheit* ist, man wird sich dessen bewusst. Und wenn andere Menschen es nicht so wahrnehmen oder begreifen wollen, dann ist das auch in Ordnung. Das ist eben so.
Hier handelt es sich nicht etwa um eine Religion oder eine spirituelle Schule – das alles sind menschliche Erfindungen. Es geht vielmehr um kosmische Gesetze. Das Urmuster hinter meinem Dasein kann ich herausfinden. Durch Rückführungen etwa in vergangene Leben. Mit der Zeit wird das dann immer klarer. Warum man sich die Eltern ausgesucht hat, das Umfeld, in das man hineingeboren wurde. Meine Mutter zum Beispiel hatte eine neunjährige Leidensgeschichte, ehe sie starb: Nierenkrank, Bypass-Operation, Darmdurchbruch. In dieser Zeit erlitt mein Vater auch einen Herzinfarkt. Mein Bruder wurde drogensüchtig. Heute weiß ich, all diese Erfahrungen brauche ich für meine Arbeit. Wie sollte ich mit Menschen arbeiten, würde ich das nicht auch kennen? So aber war mein Bruder auch mein Lehrer: Theoretisch kann ich mir durch Lesen vieles aneignen, aber wenn mein Bruder fast sterbend neben mir liegt und ich komm drauf, dass der heroinsüchtig ist, und weiß nicht, was ich tun soll, dann sind das Erfahrungen, die man durchleben muss. Hätte ich das nicht durchgemacht, könnte ich heute nicht zu anderen Menschen sagen: ›Ich verstehe dich.‹ Nicht mit dem Kopf, sondern mit dem Herzen.«
Haben wir uns demnach alles, was uns widerfährt, selbst so eingerichtet, irgendwann vor unserer Geburt?
»Nicht alles, es gibt daneben immer noch das menschliche Ego – Triebe, von denen sich die meisten Leute unbewusst leiten lassen. Ich selbst stehe da natürlich auch nicht drüber, versuche

aber mein Bewusstsein weiterzuentwickeln. Wenn mich heute jemand beleidigt, ist das für mich kein Angriff mehr. Mein Ego fühlt sich vielleicht gekränkt, das lernt man aber zu unterscheiden. Früher habe ich mich nach einer Beleidigung oft drei Tage lang geärgert. In dieser Zeit habe ich nichts Schöpferisches getan. Und dann ärgerte ich mich auch noch über die verlorene Zeit.
Ist mein Bewusstsein aber erst mal entwickelt, dann weiß ich, in welcher Box ich sitze und warum ich da drinnen hin und her hüpfe. Auch, dass ich eine Rolle spiele, die nicht die meine ist. Vor 13 Jahren etwa hatte ich ein schönes Visitenkarterl, das war mein Ego – ich wollte mehr sein, als ich bin. Die Umwelt hat mich dann runtergeholt vom Podest. Irgendwann kriegt man die Rechnung präsentiert. Der Weg zu sich selbst kann ziemlich wehtun. Überhaupt, wenn dann die ganzen Lügengebäude, die man sich errichtet hat, einbrechen. Aber nur so wird man frei.
Ich kann mir zum Beispiel etwas vornehmen, aber dann kommt mein Ego durch und ich gerate in eine Schublade hinein, die nicht die meine ist. So schnell kann ich als Spiritueller gar nicht schauen, wie es mich zurückwirft. Die Ethik dahinter ist schon großgeschrieben. Entweder ich beachte sie und lebe mit diesen kosmischen Gesetzen oder ich entscheide mich dagegen, verzichte aber dadurch auf Entwicklung.
Je mehr man sich in diese Materie vertieft, desto logischer wird das Ganze. Es ist überhaupt nicht kompliziert. Viele glauben daher, weil es so einfach ist, kann es nicht stimmen, aber das universelle Gesetz ist watscheneinfach. Durch ständiges Arbeiten an sich selbst beginnt man mit der Zeit zu verstehen. Man kann sich dann auch seine früheren Leben betrachten und das Muster dahinter durchschauen. Aus Erkenntnissen der Vergangenheit resultiert meine Zukunft, die Gegenwart ist die Summe der Vergangenheit, alle Erkenntnisse, die ich in der Vergangenheit gesammelt habe, beeinflussen mein heutiges Leben.«
Sämtliche Mysterien von Leben und Tod scheinen geklärt. Etwas viel auf einmal? Also eine weitere Spukgeschichte aus Hirnschalls Praxis:
Das Entfernen von Geistern kann offenbar, es ist kaum zu glauben, auch Heizkosten sparen.

»Ein angenehmer Nebeneffekt«, lacht der Sensitive, »auf den bin ich erst viel später gestoßen. Das war ebenfalls im 19. Bezirk, ganz in der Nähe eines Spitals. Eine junge, allein erziehende Mutter zog mit ihrer neunjährigen Tochter dort in eine Altbauwohnung. Zuerst freute sich das Mädchen auf sein eigenes Zimmer, wollte aber nach kurzer Zeit nicht mehr darin schlafen.
Ihrer Mutter erzählte es ständig: ›Da ist ein Mann. Er tut zwar nichts, sitzt nur da, aber ich mag ihn nicht.‹ Die Frau wollte nicht die Zimmer tauschen, da sie sich im Kinderzimmer auch nicht wohl fühlte. Ging sie über die Schwelle, spürte sie jedes Mal eine gewisse Kälte.
Ich hab mir das dann angeschaut. Im Zimmer der Tochter war der Vorbesitzer gestorben. In den letzten Jahren vor seinem Tod hatte er den Raum kaum mehr verlassen, war nur noch vor dem Fenster gesessen und hatte hinausgestarrt auf die Straße. Ja, und das tat er auch noch, nachdem er längst gestorben war. Und nicht weit entfernt lag das Spital, immer ein Ort, wo orientierungslose Seelen herumwandern, deren Körper dort gestorben sind. Drei von denen haben die Astralenergie in diesem Raum wahrgenommen und der Verstorbene im Zimmer des Mädchens hat sie herbeigewunken, damit er nicht alleine ist. So ist das entstanden und immer deftiger geworden, weil die drei anderen dann eben auch vor dem Fenster gesessen sind. Die haben sich ihre Geschichten erzählt. Und die Kleine hat ihre Anwesenheit gespürt.
Kinder sind meistens feinfühliger als Erwachsene, da noch nicht so viel Zeit vergangen ist, seit sie die jenseitige Welt verlassen haben.
Die drei Besucher, die sich dort eingenistet hatten, waren kein Problem. Aber der eine, der in diesem Raum gestorben ist, wollte überhaupt nicht loslassen. Er erzählte mir, dass seine Eltern bereits in diesem Haus gelebt hätten und er gar nicht wüsste, wohin er gehen sollte. Ich musste ihn halt überzeugen. Ihn einfach rauszuwerfen hätte keinen Sinn gehabt. Der wartet sonst, bis ich weg bin, und kommt dann wieder zurück. Ich musste ihm eben zeigen, welcher Weg ihm offen steht und ins Licht führt. Schließlich hat er's kapiert und ist gegangen.

Fazit: Die Tochter schläft nun gut und spielt auch gerne allein in ihrem Zimmer. Der Mutter geht's dadurch auch gut und obendrein hat sie mir neulich mitgeteilt, ihre Heizkosten seien merklich gesunken. Warum? Jenseitiges fühlt sich für uns Menschen kalt an. Tote sind eben er-*kalt*-et.« Hirnschalls Lachen ist ansteckend.

Stimmt seine Philosophie, könnte dies wirklich viele Urängste der Menschheit zerstreuen. Ob er Recht hat oder nicht, werden wir alle irgendwann erfahren. Spätestens nach dem nächsten Tod.

BESUCH AUS DEM ORIENT

Ich habe einen Freund, den ich heimlich besuche,
Anwesend; abwesend jedoch für die Sicht ...
Anwesend, abwesend und nahe und ferne,
So leistet Er auf Attribute Verzicht,
Mehr als das Gewissen der Vorstellung nahe,
Verborgener noch als der Einfälle Licht.

(Husain ibn Mansur Al-Halladsch)

Im Freihausviertel hat Wiens zeitgenössische Künstlerszene eine Heimat gefunden. Manche meinen sogar, dieses Grätzl im 4. Bezirk erinnere ein klein wenig an New Yorks *Greenwich Village*. Im Schatten der mächtigen Technischen Universität verleihen Galerien, Ateliers, Modedesigner, Antiquitätengeschäfte und eine internationale Mischung aus Bars und Restaurants dem Viertel eine kosmopolitische und höchst lebendige Atmosphäre.

Kein Platz für Gespenster, sollte man meinen. Aber dieser Stadtteil zieht nicht nur Touristen aus Fleisch und Blut an, die hier nach Kunstgegenständen und originellen Mitbringseln suchen. So manches hier Gehandelte hätte wohl eine seltsame Geschichte zu erzählen und einige Stücke stehen scheinbar unter ganz besonderem Schutz.

Gerade als wir den Laden von Henny A. betreten und ein Glöckchen unser Erscheinen ankündigt, bricht ein heftiges Gewitter los und es beginnt in Strömen zu regnen. Wir stehen alleine in dem sich verfinsternden, kleinen Geschäftsraum und sehen uns interessiert um. Exotische Antiquitäten und geschnitzte Skulpturen, einst vielleicht Fetische indonesischer oder afrikanischer Stämme, eskortieren den Weg zum Ladentisch.

Von bunten Kimonos, türkischen Pantoffeln, lackierten japani-

schen Dosen bis zu österreichischer Keramik und Schatullen mit Elfenbeinintarsien finden sich hier edle Accessoires aus aller Herren Länder. Kein Wunder, die Besitzerin war viele Jahre für renommierte Auktionshäuser in den USA tätig, bevor sie ihren exquisiten Laden eröffnet hat, der perfekt mit der Atmosphäre des Freihausviertels harmoniert.
Eine schlanke Frau mittleren Alters, geschmackvoll in zeitlosem Stil gekleidet, tritt auf uns zu, lächelt freundlich und heißt uns willkommen. Sie deutet auf ein buntes Sofa rechts im Raum, wo wir Platz nehmen, setzt sich selbst auf einen Stuhl hinter dem Ladentisch und beginnt zu erzählen.
Die Geschichte beginnt in Marokko, auch »Land des Lichts« genannt, wo der Charme des Orients Fremde besonders stark bezaubern und für immer in seinen Bann ziehen soll. Vor einigen Jahren hat Henny A. in Marrakesch, der alten Königsstadt der Berber, einen Kongress besucht. Mehr aus persönlichem Interesse an der Stadt und ihrer Kultur denn aus beruflichen Gründen, wie sie meint. Mit glänzenden Augen beschreibt sie ihre Eindrücke:
»Ich war fasziniert von dem bunten Treiben im Souk, einem riesigen Bazar, wo man vom Gemüse bis hin zu Edelsteinen alles kaufen kann. Dann diese märchenhafte Stimmung auf den Plätzen mit all den Gauklern, Schlangenbeschwörern und Geschichtenerzählern; die prunkvollen Paläste und Moscheen! In Marrakesch werden all die Bilder, die man vielleicht erstmals beim Lesen von *Tausendundeiner Nacht* vor Augen hatte, lebendig. Überall intensive Farben und Gerüche! Und ich schwärme heute noch von den fantastisch schmeckenden Süßwaren.« Sie lächelt und scheint in Gedanken versunken, als wäre sie in diesem Moment nicht im regnerischen, grauen Wien. Dann wird Frau A. plötzlich ernst und meint, man müsse in Marokko allerdings auch ständig auf der Hut sein, da die Magie in diesem Land noch eine große Rolle spiele. Man könne sich sehr leicht in diesem Zauber verlieren und schlimmstenfalls seinen klaren Verstand und sein instinktives Urteilsvermögen einbüßen.
Dann spricht sie von dem Volk der Berber, dessen Sied-

lungsraum von Ägypten bis zu den Kanarischen Inseln reicht und die sich in Marokko als *Amazighen*, als freie Menschen, bezeichnen. Sie bewohnen auch heute noch ihre befestigten Dörfer und *Kasbahs* – bis zu vier Stockwerke hohe Lehmburgen.

»Im Souk von Marrakesch sind mir viele begegnet. Scheinbar ziellos wanderten die Männer in ihren Burnussen – das sind lange, wallende Umhänge aus Schafwolle – zwischen den Ständen umher. Sie übten eine eigenartige Wirkung auf mich aus, einerseits hat mich ihr Anblick geängstigt, andererseits fasziniert.«

Am letzten Abend, als Henny A. zusammen mit anderen Kongressteilnehmern durch den Souk schlenderte, entdeckte sie bei einem jüdischen Antiquitätenhändler ein ganz besonderes Schmuckstück.

»Eine wunderschöne Kette aus Astkorallen. Die dunkelroten verästelten Teile waren fast daumendick und dazwischen fanden sich kleine, eingearbeitete Silberelemente, die sicher eine symbolische Bedeutung hatten. Der prachtvolle Schmuck strahlte Eleganz und Würde aus, war ziemlich schwer und offenbar auch uralt. An manchen Stellen wiesen die Korallen Sprünge auf und man konnte erkennen, dass im Laufe der Zeit abgebrochene Teile mit Silberdraht wieder fixiert worden waren. Ich wusste zu diesem Zeitpunkt schon ganz genau, dass ich diese Kette unbedingt haben wollte. Um dem Händler mein Interesse aber nicht allzu deutlich zu zeigen, riss ich mich zusammen und ging schließlich weiter.

Am nächsten Tag kam ich alleine in den Souk und schlenderte wie zufällig wieder an jenem Stand vorbei. Der Händler erkannte mich sofort wieder und lief mir bereits hocherfreut entgegen. Mit den Gepflogenheiten in Basaren war ich vertraut. Je deutlicher man zeigt, dass einem etwas gefällt, desto höher steigt der Preis. Obendrein gilt es sogar als unhöflich, wenn man nicht hartnäckig verhandelt. Zuerst nannte er mir zwar eine Summe, die mir beinahe die Sprache verschlagen hat, aber nach einigem Feilschen und drei Tassen Tee wurden wir uns schließlich einig. Teuer ist die Kette trotzdem gewesen, aber das war sie mir wert.

Ich möchte den genauen Betrag nicht nennen, aber damals war es viel Geld für mich, etwa eine Monatsmiete.
Als ich gehen wollte und mich verabschiedete, sah mir der Händler tief in die Augen. Sein Blick war eindringlich, aber freundlich. Er beteuerte, froh zu sein, dass gerade ich dieses Stück erworben hätte und dass ich gut darauf aufpassen solle. Der Mann vermittelte mir dabei das Gefühl, als habe er großes Vertrauen zu mir. Die gesamte Abwicklung des Geschäfts hatte irgendwie etwas Persönliches und war auch für orientalische Verhältnisse ziemlich eigenartig.
Wieder zurück in Wien, habe ich die Koffer zuhause abgeladen und bin sofort in einen Park gegangen, um meine Eindrücke noch ein wenig nachwirken zu lassen.« Nachdenklich streicht sich Henny A. die Haare aus dem Gesicht, ihr Blick schweift ab. »Doch schon nach wenigen Stunden war die Magie verflogen und ich kehrte ein wenig wehmütig in meine Wohnung zurück. Nach dem Auspacken ging ich daran, einen passenden Platz für meine Neuerwerbung zu suchen, und fand ihn schließlich: Ich habe die Korallenkette über die Kante einer Standuhr gehängt, die auf einem massiven Biedermeiersekretär in meinem Wohnzimmer steht. Diese Uhr habe ich schon vor langer Zeit zu einem meiner Lieblingsstücke erkoren und sie dort auf dem Sekretär platziert, weil ich sie so von meinem Bett im Schlafzimmer aus sehen kann.«
Was danach geschah, wird wohl immer ein Geheimnis bleiben. Das Geheimnis der Korallenkette und ihrer früheren Besitzer.
»In der ersten Nacht nach meiner Rückkehr fuhr ich gegen 2 oder 3 Uhr früh aus tiefem Schlaf hoch, ohne genau zu wissen, was mich geweckt hatte. Mein Blick fiel automatisch auf die Standuhr auf dem Sekretär im Wohnzimmer. Und da sah ich sie zum ersten Mal im Schein der durchs Fenster schimmernden Straßenbeleuchtung: Auf der Stufe des Schreibpultes saßen drei vermummte Gestalten.
Zwei von ihnen trugen einen schwarzen Umhang, die dritte war ganz in Weiß gekleidet. Sofort musste ich an Berber in ihren Burnussen denken. Die Gesichter konnte ich nicht erkennen; ihre Kapuzen waren tief nach unten gezogen, die Arme ver-

schränkt und die Köpfe der drei wie im Gebet nach vorne geneigt. Mir haben die Gestalten überhaupt keine Beachtung geschenkt. Im ersten Moment habe ich sie natürlich für Einbrecher gehalten. Nachdem ich sie aber mehrere Minuten irritiert angestarrt hatte, war ich mir sicher, dass es sich um Geister handeln musste, die wohl in irgendeinem Zusammenhang mit der Korallenkette standen.«
Wir fragen gespannt, ob sie Angst bei diesem Anblick verspürt habe, doch Frau A. schüttelt den Kopf. Sie meint, die Situation sei wohl sehr eigenartig und auf alle Fälle unheimlich, aber nicht bedrohlich gewesen.
»Die drei haben mich ziemlich betroffen gemacht, zuerst überlegte ich, ob es vielleicht Unrecht von mir war, die Kette zu kaufen. Den Gedanken, das Licht aufzudrehen oder die Gestalten anzusprechen, habe ich daher schnell wieder verworfen. Ich weiß nicht mehr, wie lange ich sie beobachtet habe, irgendwann bin ich wohl wieder eingeschlafen.
Natürlich dachte ich am nächsten Morgen, ich hätte geträumt oder sei einer Sinnestäuschung zum Opfer gefallen. Ich war ja noch nie zuvor in meinem Leben mit Spukerscheinungen konfrontiert worden. Doch in der darauf folgenden Nacht hat sich das Geschehen wiederholt. Erneut wurde ich irgendwann wach, blickte automatisch zum Sekretär und sah sie wieder dort auf der Stufe des Schreibpults sitzen. Wie Wächter erschienen sie mir, tief in sich versunken, regungslos, aber zweifellos präsent. Dieses Mal war ich mir ganz sicher, wach zu sein.
In der dritten Nacht fehlte aber bereits die weiße Gestalt. Sie verschwand sang- und klanglos und kam auch nie mehr wieder. Die beiden schwarz Gewandeten saßen noch in vier weiteren Nächten stumm und bewegungslos auf der Stufe des Pults, dann waren auch sie verschwunden.
Mit jedem Mal wurde mir irgendwie leichter ums Herz. Ich fühlte mich befreiter und beschwingter. Fast waren diese drei schon zu meinen Vertrauten geworden. Außerdem erschien es mir, als wäre von ihnen ein Signal ausgegangen, als wollten sie mir mitteilen, dass sie zufrieden mit mir sind, froh, die Kette bei mir in guten Händen zu wissen. Das gab mir ein beruhigendes

Gefühl, so als hätte ich eine Art Prüfung bestanden.« Henny A. beteuert, dass sie das wertvolle Schmuckstück, das sich wahrscheinlich generationenlang im Besitz einer Berberfamilie befunden hat, liebe und in Ehren halte, es aber nur selten trage.

»Ich fühle mich dann zwar als etwas ganz Besonderes, aber die Kette kostet sehr viel Kraft. Ich muss mich schon äußerst stark fühlen um sie zu tragen. Sie ist ja auch sehr massiv und schwer und liegt nicht nur um den Hals, sondern die Äste der Korallen reichen bis auf die Brust hinunter. Hier in Wien würde sie als Antiquität wohl das Zehnfache des Kaufpreises erzielen, aber ich denke gar nicht daran, mich von ihr zu trennen.«

Allerdings gehe auch eine intensive Energie von dem Kleinod aus. Man spüre intuitiv, dass das Schmuckstück nicht ganz freiwillig, und schon gar nicht leichten Herzens, hergegeben worden ist. »Es könnte sich um einen Notverkauf gehandelt haben, vielleicht war eine Frau mit Geldsorgen gezwungen, ihre Aussteuer zu veräußern, vielleicht musste sie den Schmuck verkaufen, den sie als strahlende Braut getragen hatte.«

Nachträglich ist Henny A. froh, die Geister aus Marokko zu Besuch gehabt zu haben. Dadurch sei ihr das Gefühl vermittelt worden, irgendjemand habe ihr seinen Segen zum Erwerb der Kette erteilt. »Manchmal erwarte ich fast, die Gestalten erneut zu sehen, oft wache ich nachts auf und mein Blick fällt automatisch auf die Stufe des Schreibpults, doch sie sind nie mehr erschienen.«

Frau A. meint, die Geister seien Gesandte gewesen. »Möglich wäre, dass es sich um Gespenster aus weiter Vergangenheit handelte, um Ahnen der letzten Eigentümer der Korallenkette, vielleicht waren das auch die Geister von Oberhäuptern jener Familie, in deren Besitz sich das Schmuckstück befunden hatte. Irgendein Wesen wollte offenbar in Erfahrung bringen, ob die Kette die Achtung bekommt, die ihr zusteht.

Ich hätte das sicher auch verhindern oder unterbinden können. Man weiß ja, dass man alten Schmuck vor dem Tragen in Wasser legen soll, um ihn von den Stimmungen und Schicksalen seiner Vorbesitzer zu reinigen. Aber das hätte mir das Gefühl gegeben, die Geister zu vertreiben, und das wollte ich in diesem Fall keineswegs.«

Letztendlich hat die blutrote Korallenkette ihr Geheimnis und das jener Menschen, in deren Besitz sie einst gewesen war, bis heute bewahrt. Und so hängt sie immer noch über der Standuhr auf dem Biedermeiersekretär im Wohnzimmer der Henny A.

WIENER PARAPSYCHOLOGIE

Ende des 19. Jahrhunderts war ganz Europa verrückt danach, Kontakt mit den Geistern Verstorbener aufzunehmen – der *Spiritismus* befand sich auf seinem vorläufigen Höhepunkt. Vor allem unter den Wohlhabenden galt es als chic, Séancen, also Geisterbeschwörungen mittels medial begabter Mittler, abzuhalten. Diese Medien fanden Aufnahme in den erlauchtesten Kreisen, die besten wurden schnell berühmt. Natürlich konnte es nicht ausbleiben, dass sich darunter immer wieder Betrüger befanden. Eine Gruppe britischer Wissenschaftler gründete schließlich 1882 die noch heute bestehende *Society of Psychical Research* (SPR), eine Gesellschaft, die sich zur Aufgabe stellte, paranormale Phänomene unvoreingenommen und wissenschaftlich zu untersuchen. Unter den Mitgliedern fanden sich Vertreter der verschiedensten Fachgebiete, darunter Psychologen, Physiker, Biologen und Philosophen. Eine ganze Reihe von Scharlatanen konnte entlarvt werden, viele Vorfälle aber blieben ungeklärt und wurden nur dokumentiert.

Auch in den Wiener Salons feierte der Spiritismus damals einen Siegeszug. Selbst in allerhöchsten Kreisen. Auch Kaiserin Elisabeth etwa wohnte regelmäßig Séancen bei.

Ihren Höhepunkt erlebte diese Welle aber in den Jahren nach dem Ersten Weltkrieg. Der Spiritismus wurde zur Massenbewegung, die Menschen wollten mit ihren gefallenen Angehörigen in Kontakt treten.

Die Ereignisse rund um das rumänische Bauernmädchen Eleonore Zugun, heute einer der bestdokumentierten Poltergeist-Fälle aller Zeiten, führten 1927 zur Gründung der *Österreichischen Gesellschaft zur Erforschung psychischer Phänomene* nach dem britischen Vorbild. Bis zum Anschluss 1938 erlangte diese in Fachkreisen international einen hervorragenden Ruf. Unter den Nazis sollte sie mit einem vom Regime protegierten Spiritistenverein verschmolzen werden. Ihre Mitglieder lehnten das

ab, die Gesellschaft löste sich auf. Nach dem Krieg wiederbegründet, existiert sie heute noch als *Österreichische Gesellschaft für Parapsychologie und Grenzbereiche der Wissenschaft* (ÖGPP) mit Sitz am Institut für Ethnologie, Kultur- und Sozialanthropologie der Universität Wien. Nicht zuletzt aus Geldmangel wird aber in Wien nicht mehr geforscht. Die Gesellschaft betreibt aber eine Bibliothek sowie ein umfangreiches Archiv, veranstaltet Vorträge und sieht ihre Aufgabe zurzeit darin, möglichst breite Information über die wissenschaftliche Parapsychologie anzubieten.
Heute verzeichnet die ÖGPP 210 Mitglieder, hauptsächlich Wissenschaftler, aber auch interessierte Laien, und ist stolz darauf, im August 2004 den alljährlichen Kongress der *Parapsychological Association*, dem internationalen Dachverband der Parapsychologen, erstmals in Wien ausrichten zu dürfen.

Gräfin Wassilko und der Spuk von Talpa

Das ist eben das wahre Geheimnis, das Allen vor Augen
Liegt, euch ewig umgibt, aber von Keinem gesehn.

(»An die Mystiker«, Friedrich Schiller)

Dracula ist wohl das hier zu Lande bekannteste Wort der rumänischen Sprache. Es bedeutet *Sohn des Teufels.* Das – historisch belegte – Leben des walachischen Blutfürsten Vlad Tepes (»Vlad der Pfähler«) ist heute weitgehend bekannt. Vor allem, seit der Autor Bram Stoker Vlads – historisch nicht belegtes – Weiterleben als untoter Vampir literarisch verwertet hat und damit in die Weltliteratur eingegangen ist. *Dracu* nennt man im Rumänischen den Vater Draculas. Wie im Deutschen bedeutet es nicht nur *der*, sondern auch *ein* Teufel, ein Dämon. Und auf einen *Dracu* haben 1925 die Bauern von Talpa in der seit Kriegsende rumänischen Bukowina auch jene Ereignisse zurückgeführt, die dem damals zwölfjährigen Bauernmädchen Eleonore Zugun widerfahren sind:

Eines Tages fand Eleonore am Wegrand ein wenig Geld und kaufte damit Süßigkeiten. Als sie ihrer Großmutter davon erzählte, wurde diese sehr wütend und meinte, das Geld sei von bösen Geistern dort hinterlegt worden. Tags darauf wurde das ärmliche Haus der Großeltern plötzlich mit diversen Gegenständen beworfen: Steinen, einem Stück Porzellan und einem halben Ziegel. Drinnen sprang ein Eisenring vom Herd und ein Krug fiel wie von Geisterhand zu Boden. Überzeugt, das Mädchen habe sich durch den Genuss der Süßigkeiten einem *Dracu* verschrieben, schickten es die Großeltern zurück nach Talpa, seiner Geburtsstadt. Den *Dracu* wurde Eleonore dadurch aber nicht los. Als die Familie beim Essen am Küchentisch saß, krachte abermals ein Stein durchs Fenster. Er war nass und schien aus dem Seret, dem Fluss hinter dem Haus, zu stammen. Man schickte nach dem Dorfgeistlichen. Der markierte den Stein mit einem Kreuz und warf ihn ins Wasser. Kurz darauf kam derselbe, noch immer markiert, zurückgeflogen. Die Ereignisse häuften sich und Eleonores Vater brachte sie zu einem alten Priester. Als sie dessen Stube betrat, zerbarst ein Eisenkessel und wenig später ein Steinguttopf. Der ebenfalls anwesende Dorfschullehrer sah erstaunt, wie sich ein Wasserkrug auf einer Bank einen halben Meter in die Luft erhob, zum anderen Ende der Bank schwebte und sich dort wieder niederließ, ohne dass ein Tropfen seines Inhalts verschüttet worden wäre. Als jemand eine Wallfahrt zum Schrein eines in der Gegend verehrten Heiligen empfahl, flog ein Stein auf das Bild jenes Heiligen an der Wand der Stube und zerstörte es.

Völlig verzweifelt schickten die Eltern Eleonore ins Kloster. Priester lasen dort Messen für sie und vollführten einen Exorzismus. Von der Universität Czernowitz fanden sich Ermittler ein; auch sie standen den Vorfällen hilflos gegenüber. Zuletzt erklärte man das Mädchen für geisteskrank und sperrte es in die Irrenanstalt. Allerdings hatten die Zeitungen den Fall begierig aufgegriffen und er erregte im damals Spiritismus-süchtigen Europa bald große Aufmerksamkeit. Aus Berlin kam der Ingenieur

und Geisterforscher Fritz Grunewald angereist und überredete Eleonores Vater, seine Tochter aus der Anstalt zu holen und sie zurück ins Kloster zu bringen. Dort stand sie einige Wochen lang unter Grunewalds Beobachtung und er wurde Zeuge vieler Phänomene. Schließlich wollte er sie nach Berlin bringen, um dort seine Forschungen fortzusetzen, aber noch ehe alles geregelt war, erlitt er einen letalen Herzinfarkt.
Eleonores nächster Besuch kam aus Wien: Zoe Wassilko-Serecki entstammte einem Grafengeschlecht, das seit Jahrhunderten in der ehemals österreichischen Bukowina, der vormals östlichsten Provinz der Monarchie, ansässig war. Ihr Hauptinteresse galt der Erforschung paranormaler Vorgänge, sie bewahrte sich aber zeit ihres Lebens einen streng wissenschaftlichen Zugang und war auch zuvor schon des Öfteren bei der Entlarvung von Schwindlern beteiligt gewesen. Als Wienerin durfte sie ihren Adelstitel zwar offiziell nicht verwenden, da sie aber später hauptsächlich in Deutschland publizierte, scheint sie in allen Quellen nur als *Gräfin* Wassilko auf. Vertraut mit den Bräuchen und der Kultur der Bukowina, erlebte sie Eleonore quasi in deren natürlicher Umgebung, wurde Zeugin einiger Phänomene und nahm das Mädchen Anfang 1926 kurz entschlossen mit zu sich nach Wien.
Während der kommenden acht Monate lebte das Kind in Gräfin Wassilkos Wohnung in der Josefstädter Straße. Es schlief sogar im selben Raum mit ihr. Um Eleonore Zugun bildete sich bald ein Wiener Studienkreis, auftretende Phänomene wurden genauestens dokumentiert. Im Herbst 1926 brach die Gräfin mit der mittlerweile 13-Jährigen zu einer fünfmonatigen Studienreise durch Europa auf. Unter anderem besuchten die beiden London, wo Mitglieder der SPR Gelegenheit fanden, die Vorfälle zu untersuchen. Mittlerweile hatte sich aber deren Art verändert. Seltener kam es nun zum automatischen Bewegen von Gegenständen in Eleonores Umfeld, vielmehr wurde sie selbst körperlich attackiert. So traten etwa spontan Kratz- und Bissspuren in ihrem Gesicht und an ihren Armen auf. Im Zuge der Reise wurden mehrere hundert Menschen Zeugen dieser Vorfälle, sowohl Wissenschaftler als auch interessierte Laien. Der Fall, in den bri-

tischen Medien *Poltergeist Girl* benannt, erlangte international Aufmerksamkeit und gilt heute in der wissenschaftlichen Parapsychologie als einer der bestdokumentierten aller Zeiten. Mehr als 3000 Phänomene sind verzeichnet, es existieren Fotos, ja sogar Filmaufnahmen. Die Vorfälle traten unregelmäßig auf, man meinte aber, zu Zeiten des Vollmonds eine massive Häufung wahrnehmen zu können. Kaum bekam das Mädchen aber seine erste Menstruation, hörten die Phänomene fast schlagartig auf. Eleonore blieb noch einige Monate in Wien, um ihre Ausbildung als Frisörin abzuschließen, ehe sie nach Rumänien zurückkehrte. Ihr weiteres Leben verlief unspektakulär. Sie heiratete später, die Ehe blieb aber kinderlos.
Gräfin Wassilko referierte im Herbst 1927 auf einem internationalen Kongress an der Pariser Sorbonne über den Fall. Das führte unmittelbar danach zur Gründung der *Österreichischen Gesellschaft für Psychische Forschung* nach dem Vorbild der britischen SPR. Die Mitglieder rekrutierten sich aus dem Wiener Zugun-Studienkreis. Bis zum Anschluss 1938 genoss diese wissenschaftliche Vereinigung international einen hervorragenden Ruf. Während der NS-Jahre aufgelöst, wurde die Gesellschaft 1946 neuerlich begründet und Gräfin Wassilko blieb bis zu ihrem Tod 1965 deren Generalsekretärin und *Seele*.
Dass es sich beim Fall Zugun eindeutig um *personengebundenen Spuk* handelte, wie dies die Parapsychologen nennen, geht auch daraus hervor, dass nichts *zurückblieb*. Zumindest ist von einem ehemaligen Justizminister, der heute seine Kanzlei in der früheren Wohnung Gräfin Wassilkos in der Josefstädter Straße hat, nichts dergleichen überliefert.

»Beim Jenseits steigen wir aus«

Professor Peter Mulacz, Vizepräsident der ÖGPP, ist Österreichs führender Parapsychologe und oft die erste Anlaufstelle für Menschen mit paranormalen Erlebnissen.

Herr Professor, wie würden Sie »Spuk« definieren?
Mulacz: »Traditionell unterscheidet die Parapsychologie hier zwischen orts- und personengebundenem Spuk. Im letzteren Fall spricht man heute lieber von *Wiederholter spontaner Psychokinese*, also von Phänomenen, die spontan auftreten, aber immer wieder bei *einer* deshalb so genannten *Fokus*-Person. Häufig sind das Jugendliche in der Pubertät, vereinzelt auch Frauen im Klimakterium. Diese Phasen hormoneller Veränderungen, zusammen mit Spannungen im sozialen Umfeld dieser Personen, können so etwas auslösen. In erster Linie bedarf es aber sicherlich einer besonderen Begabung, sonst wären ja alle Pubertierenden betroffen. Fällt einer dieser Auslöser weg, verschwinden meist auch die Phänomene.
Ortsgebundener Spuk ist hingegen sehr schwer dingfest zu machen. Manche Leute wollen etwas beobachtet haben, andere wieder nicht. Aus der Quantenphysik wissen wir, dass Phänomene nicht unabhängig vom Beobachter zu sehen sind. Es scheint hier viel zu einfach, das so darzustellen, als ob an einem Ort oder Haus etwas sozusagen *dranpicken* würde, das also eine Eigenschaft der Mauern wäre. Wenn überhaupt ortsgebundener Spuk vorliegt, dann handelt es sich um eine Gesamtkonstellation, die auch von den beteiligten Personen abhängig ist, welche vielleicht sogar als Auslöser wirken. Denken wir aber zunächst an akustische Erscheinungen, wo man dann diskutieren kann, ob das nicht der Wind im Rauchfang oder ein loser Dachziegel war. Zudem treten solche Phänomene sehr irregulär auf, sind also schwierig zu dokumentieren. Solange die Videokamera dort steht, passiert gar nichts, kaum hat man sie entfernt, ruft jemand an und meint, es sei wieder etwas vorgefallen. In der internationalen Parapsychologie steht daher das Laborexperiment mit begabten Versuchspersonen im Vordergrund, weil dem dieselben wissenschaftstheoretischen Gesichtspunkte zu Grunde liegen wie etwa in der Physik. Die Feldforschung ist dagegen ein Randbereich.«

Werden solche Vorfälle an Sie herangetragen?
»Ja, immer wieder. Die meisten Leute fragen halt, wie sie damit

umgehen sollen. ›Warum passiert das?‹ – ›Wieso gerade mir?‹ ›Ist meine verstorbene Schwiegermutter vielleicht schuld daran?‹ ›Sollen wir eine Messe lesen lassen für sie, wird das helfen?‹ Wenn ich sehe, diese Person leidet unter den Phänomenen und spricht auf das Instrumentarium an, das der Katholizismus dafür vorsieht, sage ich natürlich: ›Ja, machen Sie das!‹
Das ist eben unsere Ambivalenz: einerseits den Leuten zu helfen, dadurch aber andererseits die Erscheinungen abzustellen, die wir ja eigentlich studieren wollen. Vor 70 Jahren hat die Gräfin Wassilko noch gesagt, so etwas gehöre nicht abgestellt, sondern gezüchtet. Damit wäre sie für die Wissenschaft sozusagen über Leichen gegangen. Heute sieht man das naturgemäß etwas anders.«

Wenn Sie jemand über einen Vorfall informiert, wie gehen Sie dann vor?
»Im Rahmen der Gesellschaft arbeiten wir nicht in der Forschung. Wenn eine Sache aber einigermaßen interessant klingt, bin ich gerne bereit, mir das nach Möglichkeit anzuschauen. Wenn mich jemand anruft, ist die erste Frage: Wie glaubwürdig erscheint mir der Zeuge? Und die nächste ist eine ganz pragmatische: Wo wohnt er? Zweimal ums Eck oder am anderen Ende von Österreich?«

Wie viele Leute rufen an und bitten um Ihre Hilfe?
»Im Schnitt vielleicht fünf in der Woche, einmal sind es drei am Tag und einmal hab ich 14 Tage Ruhe. Zu Erkenntnissen führt das aber kaum. Meistens bleibt mir nur der Aufwand, einem Hilfe Suchenden unbezahlten Rat zu geben. Ein wirklich interessanter Fall ist äußerst selten.«

Wie stehen Sie zur Tonbandstimmen-Forschung?
»Ich möchte nicht ausschließen, dass da ab und zu paranormale Phänomene auftreten können, aber beweisbar ist hier gar nichts. Das ist überhaupt das Dilemma der Parapsychologie: Lässt man solche Gruppen im eigenen Saft schmoren, dann kann man auch nichts darüber sagen. Je mehr ich als Wissenschaftler aber versu-

che, hier ein bisschen die Schraube der Kontrolle anzuziehen, desto mehr werde ich die Sache möglicherweise auch wieder unterdrücken.«

Ist die Parapsychologie als Wissenschaft anerkannt?
»Es gibt ja nun keine Institution, die sagt, wir erkennen das an und jenes nicht. Das ist immer eine Grauzone. Eine Reihe von Persönlichkeiten des österreichischen Wissenschaftsbetriebs spricht sich für die Parapsychologie aus, andere sind da eher zurückhaltend oder skeptisch. Ich glaube aber, der Trend geht hin zu den Befürwortern. Wenn ich zurückdenke, welchen Anfeindungen die Parapsychologie noch vor 30 Jahren ausgesetzt war, so hat sich die Situation weitestgehend beruhigt. Es ist heute kein Kampf mehr mit Klagsdrohungen und Gerichtsterminen, sondern man setzt sich eben so auseinander, wie es auch sonst bei unterschiedlichen Meinungen im Wissenschaftsbereich üblich ist.«

Kann man Parapsychologie studieren?
»Europaweit gibt es nur in Edinburgh einen voll etablierten Universitätslehrstuhl. Ein wichtiges Institut aber ist jenes für *Grenzgebiete der Psychologie und Psychohygiene* in Freiburg im Breisgau, Deutschland. Die haben eine sehr gute Infrastruktur, auch eine Beratungsstelle für Menschen mit paranormalen Erlebnissen. Zudem besteht eine Kooperation mit dem dortigen Landeskrankenhaus. Etwas Ähnliches gibt es in Österreich nicht. Ich habe diesbezüglich bereits zweimal den Psychosozialen Dienst der Stadt Wien angeschrieben und beide Male nicht einmal eine Antwort erhalten.«

Profitiert die Parapsychologie von der Esoterikwelle?
»Eigentlich nicht. Den größten Zulauf gab es in den siebziger Jahren, als der Uri Geller durch die Lande gezogen ist. Durchschnittlich haben wir in Wien einen Stand von etwas über 200 Mitgliedern. Damals waren es kurzfristig 500. Solche Wellen kommen und gehen. Das war schon so in den Zeiten nach den Weltkriegen. Den Leuten, die auf Esoterik abfahren, fehlt zu-

meist die kritische Grundhaltung. Die suchen eben Heilslehren und solche können wir nicht bieten. Vielleicht gibt es gewisse Überschneidungen. Der Esoteriker *glaubt* etwa an Telepathie und ich beschäftige mich mit der *Erforschung* telepathischer Vorgänge. Die Esoteriker reden dann aber schnell von einer geistigen Welt, wo wir auf dem Boden der Tatsachen bleiben und zuerst einmal fragen: Wie sieht das neurophysiologisch aus? Kann man da im Gehirn etwas messen? Das sind zwei ganz unterschiedliche Zugänge.«

Glauben Sie, dass man mit Verstorbenen Kontakt aufnehmen kann?
»Menschen erfahren so etwas – subjektiv. Aber ob das wirklich die Verstorbenen sind, ist äußerst fraglich. Als Wissenschaftler möchte ich zuallererst einmal wissen, ob etwas wahr ist. Wenn mir jemand erzählt, wie es einem Verstorbenen im Jenseits geht, dann steigen wir im Wesentlichen aus. Wir haben nicht das geringste Instrumentarium, um das von blanker Fantasie zu unterscheiden. Erzählt mir derjenige hingegen etwas über das Leben eines ihm unbekannten Verstorbenen, was sich überprüfen lässt, dann wird es interessanter. Aber auch nur so interessant wie ein telepathischer Akt. Hier stellt sich dann die Frage, was war zuerst da, die Henne oder das Ei? Ist vielleicht die Erinnerung einer dritten Person die Quelle dieser Information und wurde diese vielleicht telepathisch angezapft? Eben weil sich die Existenz von Geistern nicht beweisen lässt, stehen wir dem äußerst skeptisch gegenüber. Aber wir müssen sehr wohl damit umgehen, dass Menschen, die so etwas erleben, sehr stark daran glauben. Habe ich beschränkte Zeit und Ressourcen, mache ich lieber ein anständiges Telepathie-Experiment, wo mir die Versuchsperson sagt, in diesem oder jenen Kastl befindet sich der und der Gegenstand oder die verdeckte Karte lautet so oder so. Das ist dann überprüfbar.«

DIE ELFENFLÜSTERER

Um Mitternacht, wenn die Menschen erst schlafen
dann scheinet uns der Mond, dann leuchtet uns der Stern,
wir wandeln und singen und tanzen erst gern
Um Mitternacht, wenn die Menschen erst schlafen
auf Wiesen, an den Erlen
Wir suchen unseren Raum
und wandeln und singen
und tanzen einen Traum

(»Gesang der Elfen«, Johann Wolfgang von Goethe)

»Dort drüben hat alles angefangen!« Gerhard Kogoj deutet auf die Bäume des Burggartens. Der sympathische 60-Jährige mit grauem Haar und Rauschebart lächelt versonnen, sein Blick wandert in die Ferne. »Es ist etwa 20 Jahre her, als ich auf dem Weg zur Arbeit wie jeden Tag durch diesen Park ging. Plötzlich hörte ich direkt hinter mir ein brummendes Geräusch und erschrak. Aber wohin ich mich auch drehte und wendete, es war niemand zu sehen. Irritiert ging ich langsam weiter, als der tiefe, anhaltende Ton wieder an mein Ohr drang. Wie gelähmt stand ich da und lauschte, bemerkte schließlich, dass das Gebrumme wie ein meditatives *Ohmmmmmm* klang. Da wurde mir klar, dass offenbar die Bäume dieses Geräusch erzeugten. Zuerst war die Situation ganz schön unheimlich, doch dann habe ich akzeptiert, dass auch Pflanzen Laute von sich geben und ich es mit einem Mal hören konnte.«
Gerhard nimmt einen Schluck von seinem Apfelsaft. »Und mit diesem Erlebnis hatte sich eine Türe geöffnet in die Welt der Elfen. Denn bereits kurze Zeit später begann ich sie auch zu *sehen*, die Wesen der Natur. Die ersten, die ich erblickte, saßen auf einem Baum im Burggarten. Heute sehe ich sie alle, ob beim Was-

ser, in den Bergen oder im Wald. Und ich male meine Freunde auch.«
Er zeigt uns ein paar von ihm zu Papier gebrachte Wesen. Eines ist groß und klobig und wirkt bedrohlich. Die meisten aber sind zartgliedrig und von unterschiedlicher Größe und Farbe. Besonders nett wirken auf den Bildern die Männlein mit stumpfen Gliedmaßen und einer Art Rechen als Mund. Sie sollen ausschließlich in wilden Wiesen leben und seien bereits sehr selten geworden.
»Meine Frau, Margot Ruis, sieht die Naturwesen ebenfalls. Gemeinsam unternehmen wir Wanderungen in eher unberührte Gegenden – ins Waldviertel, in Teile der Hohen Tauern und des Alpenvorlandes. Dort tauschen wir unsere Erfahrungen aus. Margot hat einen besseren Zugang zu den feineren Wesen als ich, liebt besonders die Wasser- und Bergelfen. Meine Frau hat auch ein Buch über unsere Erlebnisse mit den Naturgeistern geschrieben.«
Gerhard und Margot haben sich vor 15 Jahren auf einem schamanischen Seminar kennen gelernt und leben zusammen in einem Haus im Waldviertel – ohne Handy, Fernseher und Computer, dafür mit vielen Naturwesen im Garten. Das Ehepaar beschäftigt sich mit östlicher Philosophie, Meditation, Chakren-Energien, Edelstein- und Kristallkräften und veranstaltet regelmäßig Seminare für Kinder und Erwachsene. Außerdem entsteht gerade ein weiteres Buch über Elfen und andere Naturgeister.
»Margot hatte ihr erstes Erlebnis vor ungefähr 16 Jahren in den Hohen Tauern. Sie sah damals während einer Meditation an einem Bächlein mehrere Wasserfrauen, mit denen sie trotz mangelnder Erfahrung sofort Kontakt aufnehmen konnte.
Heute sind Gespräche mit diesen Wesen selbstverständlich für uns. Die Dialoge werden lautlos geführt und sind sehr lehrreich. Wir begegnen den Elfen, Devas, Zwergen und anderen Naturgeistern mit Achtung und Liebe, denn sie sind größtenteils sehr alt und weise. Natürlich gibt es auch verspielte unter ihnen, etwa diese Wassermädchen. Früher, als noch alles neu für uns war, sprachen wir meistens über ihr Dasein, ihre Aufgaben, heute

geht es hauptsächlich um die Umweltverschmutzung und die Verpflichtung der Menschheit, an der Erdheilung mitzuwirken.«
Wo halten sich diese Wesen nun eigentlich auf und wie kann man sie finden?
»Alles Lebendige ist auch beseelt, selbst ein einzelner Grashalm trägt ein Wesen in sich«, so Gerhard. »Aber natürlich ziehen sich die Naturgeister auch zurück, wenn sie sich von uns irritiert fühlen, oder gar ihr Lebensraum zerstört wird. Meistens jedoch harren sie sehr lange aus, denn sie haben den Auftrag, ihren Bereich zu schützen. Manchmal geht das bis zur Selbstaufopferung. Da hab ich schon schlimme Dinge gesehen, Elfen mit von Umweltgiften völlig zerfressenen Umrissen, Donaufrauen, die sich zurückziehen und in Licht auflösen. Ihren angestammten Lebensraum können allerdings nur die ungebundenen Naturwesen wie Waldelfen, Bergelfen und Zwerge verlassen. Die Baum- und Blumenelfen aber bleiben, solange die Pflanzen leben, bei ihnen, denn es ist ihre Aufgabe, sie zu behüten. Sie leiden enorm unter dem Verkehrslärm und der Verschmutzung der Luft, ebenso unter den Energien, die wir Menschen mit unseren Gedanken und Emotionen erzeugen.«
Gerhard blickt hinunter in den Burggarten: »Hier fühlen sich die Bäume recht wohl. Es sind alte, gefestigte Wesen, kontaktfreudig und offen und sie haben sich längst an das Leben mit uns gewöhnt. Sie sind nicht zu vergleichen mit scheuen Wassermädchen, mächtigen Berg- oder empfindlichen Waldelfen und Zwergen.«
Sehr oft trifft das Ehepaar auch bei Spaziergängen im Wienerwald auf Naturgeister. Margot hatte einmal ein ganz besonders intensives Erlebnis auf einer ihrer Wanderungen, sie wurde von einer Eiche von ihren Kreuzschmerzen befreit. Der Elf dieses Baumes habe damals, als sie sich »aus ihrem grobstofflichen Körper löste und durch den Stamm in einen Raum unterhalb des Baumes eintrat«, von ihrer Wirbelsäule »zähe, elastische Flechten« entfernt und sie dann mit einer undefinierbaren Flüssigkeit massiert. »Zurück aus der Feinstofflichkeit der Baumenergie tänzelte meine Frau dann leichtfüßig durch den Wald, dass es eine Freude war. Zuvor hatte sie sich nur steif und vorsichtig bewegen können.«

Jeder Mensch, der Pflanzen und Steine liebe, sich mit der Natur verbunden fühle, könne Kontakt zu diesen Wesen aufnehmen. »Ich mag die Bäume«, so Gerhard, »die stattlichen Buchen und Eichen im Wienerwald. Gerne lehne ich mich an ihren Stamm, spüre den Fluss der Säfte von den Wurzeln bis zur Krone, fließe mit und fühle mich eins mit dem Baum. Das ist zum Beispiel eine Übung, um mit dem Baumelf in Verbindung zu treten. Er wird sich ihrerseits bemühen, energetisch stark zu sein, um wahrgenommen zu werden.«

Auch im eigenen Garten könne man viel für die Naturgeister tun. Damit die Pflanzen besser blühen und gedeihen, solle man ihnen Bergkristall und Rosenquarz schenken, den Stein entweder auf die Erde legen oder eingraben. »Man kann auch versuchen, seine Grünanlage mit Wesen des nassen Elements zu besiedeln, neue Lebensräume nehmen sie normalerweise dankbar an. Legt man also einen kleinen Teich an und spricht sich das im Elfenreich herum, wird das Wasser früher oder später auch bevölkert sein. Wassermädchen lieben vor allem klare und bunte Steine, sie fühlen sich von deren Energie angezogen und kommen heran. Man kann sie dann gut beobachten und auch mit ihnen plaudern.«

Und wie erkennt man die Naturgeister nun, wie muss man sich diese Wesen optisch vorstellen?

»Sie sehen ganz verschieden aus, einige habt ihr ja auf meinen Bildern schon gesehen. Die Baumelfen etwa wirken sehr menschlich, haben oft langes Haar, gütige Gesichtszüge und tragen unterschiedliche Gewänder. Sie sehen männlich oder weiblich aus, alt oder jung, obwohl ihre Zeit nicht mit unserer Zeitrechnung vergleichbar ist. Die Bergelfen sind wesentlich größer als wir, die Waldelfen haben in etwa Menschen-, die Wassermädchen Kindergröße, die Blumenwesen sind kleiner. Alle diese feinstofflichen Naturgeister sind zartgliedrig und transparent. Aber auch wenn man sie sehen kann, muss man darauf achten, frei wandernde Elfen nicht mit Verstorbenen zu verwechseln, da sie in ihrer feinstofflichen Erscheinungsform ähnlich sind. Bei einer Wanderung in den Hohen Tauern ist mir das einmal passiert. Unterhalb einer Felswand sah ich ein Wesen, das ich zunächst für einen Elf hielt. Ich wollte mit ihm ins Gespräch kommen, doch er redete eine Weile um den heißen Brei herum und gab mir, an Elfenintelligenz gemessen, recht dumme Antworten. Da fiel mein Blick auf ein Marterl, das anlässlich des Absturzes eines Bauernburschen dort aufgestellt worden war. Ich sagte zu der Erscheinung ›Das bist du, nicht wahr? Warum hast du mir das nicht gesagt?‹ Zur Antwort bekam ich: ›Ja, das bin ich. Was hätte ich dir sagen sollen? Du hast angenommen, ich sei ein Naturwesen, und ich lebe doch nun in der Natur. Was ist also falsch daran?‹«

Gerhard lächelt und meint dann: »Manchmal machen die Verstorbenen das auch absichtlich und foppen uns.«

Was kann nun jeder Einzelne tun, um den Lebensraum dieser Wesen zu erhalten?

»Zuerst einmal hätten sie gerne, dass wir ihre Existenz wieder zur Kenntnis nehmen. Sie freuen sich ja, wenn man mit ihnen spricht, die meisten jedenfalls, und erzählen gerne von früheren Zeiten, als sie und die Menschen noch im Einklang miteinander lebten, die Flüsse noch sauber, die Wälder noch unberührt waren. Ihre jahrhundertealten Weisheiten teilen sie gerne mit uns. Außerdem wünschen sie sich, dass wir ihre unermüdliche Arbeit schätzen lernen und mehr Rücksicht auf ihre Bedürfnisse nehmen. Sie sprechen auch von einer *energetischen Umweltverschmutzung*, die ständig zunimmt. Ursachen sind einerseits die Schwingungen, die unsere Technik mit sich bringt, zum Beispiel Handys und Handymasten, andererseits die Energien der Gedanken und Emotionen von sechs Milliarden Menschen.

Wir sollten uns bewusst machen, dass es nicht egal ist, was wir aussenden – es ist schließlich unser Beitrag zur Gesamtschwingung der Erde. Nur wenn wir auf Dauer unser *Programm* ändern, könnte ein Umschwung stattfinden, der für die Erde und all ihre Kinder – Menschen wie Naturwesen – ein Segen wäre. Dann könnten wir endlich alle wieder in Harmonie miteinander leben.«

Literaturangaben und Quellen

Friedhof der Namenlosen

Peter Pleyel: Friedhöfe in Wien. Vom Mittelalter bis heute. 1999, Wien. Pichler Verlag.

Persönliche Erinnerungen von Herrn Fuchs senior, unveröffentlicht.

Rendezvous mit der Kaiserin

Brigitte Hamann: Elisabeth. Kaiserin wider Willen. 1998, Wien, München. Piper-Verlag.

Franz Herre: Wien. Historische Spaziergänge. 1992, Köln. Verlag Kiepenheuer & Witsch.

Georg Schreiber: Schloss Schönbrunn. Seine Besucher und Bewohner. 2001, Wien. Verlag Carl Ueberreuter.

Spukhäuser

Dietmar Grieser: Wien. Wahlheimat der Genies. 1994, München. Wilhelm Heyne Verlag GmbH & Co.KG.

Dietmar Grieser: Alte Häuser – große Namen. Ein Wien-Buch. NP Buchverlag.

Michaela Feuerstein/Gerhard Milchram: Jüdisches Wien. Stadtspaziergänge. 2001, Wien, Köln, Weimar. Böhlau Verlag.

Tálos – Hanisch – Neugebauer – Sieder: NS-Herrschaft in Österreich. 2000, Wien. ÖBV & HPT Verlag.

F. Uhlir: Das Münzquardeinhaus. o. A.

Bernhard Hanreich: Bernhard Ludwig d. Ä, in ARX 2/97.

Wilhelm Kisch: Die alten Straßen und Plätze von Wiens Vorstädten. Reprint 1967 v. 1895. Cosenza.

Ernest Blaschek: Wiener Heimatbücher – Mariahilf einst und jetzt. 1926, Wien. Gerlach & Wiedling.

Felix Czeike: Historisches Lexikon Wien, Band 4. 1995, Kremayr & Scheriau.

Moderne Mittler
Georg Biron: Gibt es ein Jenseits? – Übersinnliche High-Tech-Kontakte. 1994, Wien. Verlag Carl Ueberreuter.
Rainer Holbe: Bilder aus dem Reich der Toten. 1987, München. Droemer Verlag.
Lotte Ingrisch: Die Kapelle der Gefahren. 1988, Freiburg im Breisgau: Bauer. (esotera-Taschenbücherei).
Friedrich Jürgenson: Sprechfunk mit Verstorbenen. 1985, München. Goldmann Verlag.

Die Witwe des Walzerkönigs
Robert Dachs: Johann Strauss. »Was geh' ich mich an?!« Glanz und Dunkelheit im Leben des Walzerkönigs. 1999, Graz, Wien, Köln. Verlag Styria.

Der Dom und der Tod
Gabriele Buchas: Plätze der Kraft in Wien. Ein kontemplativer Reiseführer zu alten Kirchen und geheimnisvollen Orten. 2001, Wien. Austria medien service GmbH.
Reinhard H. Gruber: Die Domkirche Sankt Stephan zu Wien. 1998.
O. A. Katakomben im Wiener Stephansdom: 1991, München. Verlag Schnell & Steiner GmbH.
Anna Maria Sigmund: In Wien war alles schön. Die Residenzstadt aus der Sicht berühmter Gäste. 1997, Wien. Verlag Carl Ueberreuter.
Adalbert Stifter: Ein Gang durch die Katakomben. 1842, Wien.

Grenzgänger
Rudolf Steiner: Aus der Akasha-Chronik. 1986, Rudolf Steiner Verlag.

Besuch aus dem Orient
Franz Severin Berger / Christiane Holler: Mythen, Spuk und gute Geister. Ein Reiseführer durch die Anderswelt. 1998, Wien. Verlag Orac.

Wiener Parapsychologie
Hellmut Hofmann (Hrsg. Peter Mulacz): PSI – die »andere Wirklichkeit«, 2001, Wien.
www.parapsychologie.ac.at (Homepage d. ÖGPP)
www.parapsychologie.info (HP v. Prof. Mulacz)
Brian Innes: Ghost Sightings, London 1996

Die Elfenflüsterer
Margot Ruis: Naturgeister, Naturwesen. 1994, Wien, Anna Pichler Verlag

Danksagungen

Die Autoren danken

Christiane Holler, die sich unbekannterweise für uns Zeit nahm und uns neben zahlreichen nützlichen Ratschlägen auch noch den richtigen Lektor empfohlen hat,
Eveline Stumpfel, die in unermüdlichem Einsatz unsere Manuskripte durchackerte und korrigierte,
Karl Hammerschmidt, der in stundenlanger Nachtarbeit unseren Fotos den letzten wichtigen Schliff verpasste,
Franz Angelo, der unsere Homepage www.wienspuk.net bastelte und betreut,
Markus Reif für Grafik und Design derselben,
Gerhard Holischka, der uns mit einem wichtigen Hinweis auf die Spur unserer Lieblingsgeschichte führte,
Leopold Altgrübl, der sie für uns aufstöberte und mit dem wir einen unvergesslichen Tag verbrachten,
Reinhard Habeck für die ersten nützlichen Tipps und Informationen,
Arthur, Thomas und der restlichen *Kaiserwalzer*-Crew für Tisch, Bier und Raum sowie die psychologische Betreuung in den Tagen und Wochen vor unserem Abgabetermin,
Robert Bouchal, der uns ermutigte und an seinem reichen Erfahrungsschatz teilhaben ließ,
und weiters allen Personen, die in diesem Buch persönlich genannt werden oder unter Pseudonym auftreten, und schließlich jenen, die wir nicht um Erlaubnis fragten, ob wir ihre Geschichte aufschreiben dürfen – weil wir sie leider nicht hören und sehen können.